A SAÍDA

LARISSA MOCELIN

A chave está em
suas mãos

A SAÍDA — A CHAVE ESTÁ EM SUAS MÃOS
Copyright 2023 Yesbooks Editora
Categoria: Desenvolvimento

Primeira edição — 2023

Autor: Larissa Mocelin

Projeto Gráfico e editorial: Yesbooks Editora

Coordenação editorial: Filipe Mouzinho

PREFÁCIO

Larissa era uma criança extremamente alegre, viva e cheia de sonhos. Sempre foi vista como alguém que era demais em tudo. Demais na escola, demais nas ideias, demais artisticamente, quase como uma repetição da minha própria infância duas décadas antes.

Sempre teve vontade de trilhar seu próprio caminho. Desde pequena escalava móveis, se jogava para fora do berço, e nos deixava de cabelo em pé com suas peripécias e desbravamentos quando ainda mal sabia andar.

Já um pouco maior, sua expansão passou a ser de ordem mental e em relação a suas vivências. Mesmo cercada de limites e conselhos, sua sede de viver e de perceber o mundo de todas as formas possíveis, fez com que realizasse escolhas muitas vezes arriscadas em seu próprio caminho de buscas, descobertas, erros e acertos.

Nesse caminho, pude observar seus altos e baixos, e às vezes indo fundo demais, quase se perdendo em si mesma. Mas, quase como em um passe de mágica, se reinventava continuamente, aguentando toda sorte de mudanças, decepções e desafios, que foram condensados neste livro através das experiências que viveu e catalogou, como uma cientista de suas próprias emoções, sempre em busca de dados e padrões que pudessem lhe auxiliar a encontrar a saída.

Aqui o leitor irá experimentar uma leitura dinâmica, leve e de linguagem atual, mostrando que o que importa do passado são as sementes que foram lançadas lá atrás e que deixaram o legado que se vê hoje. O que fazer com o que sobrou, com o que se apresenta?

Larissa mostra neste livro que sempre é tempo de dar um basta em caminhos repetitivos que nos levam para o mesmo caos, e buscar a nossa verdadeira essência, a depender das portas que se decide abrir.

O leitor recebe um verdadeiro presente. A oportunidade de sonhar novamente, ter esperança, sair de um labirinto sem fim de culpa, depressão, opressão, acusação e medo, e finalmente ver a luz.

O livro tira você da condição de escravo e o leva para a cadeira de filho, mostrando, ao final, que há uma saída. Sim, há uma saída para aqueles que ousam procurá-la.

Meu desejo é que esta obra seja um veículo de transformação na vida de cada leitor, em vários idiomas, e que chegue aonde a mão de Deus alcançar e que todos possam receber de você Larissa, através desta leitura, a chave certa para abrir as portas que estão trancadas.

Que você continue a semear nesta terra e que frutifiquem através de sua vida, sementes que reflitam a mulher que você é: cuidadora, responsável, próspera, abençoadora, brilhante e diferente, que ilumina as trevas e sempre deixa um perfume de lealdade, justiça e sabedoria.

Que as palavras deste livro revelem as chaves que abrirão as portas fechadas das mentes e dos corações, aplainem a estrada, e sejam um farol para iluminar A SAÍDA de cada leitor, trazendo um novo olhar e uma nova perspectiva.

Desejo, ainda, que esta leitura nos guie por caminhos de justiça e liberdade para um futuro fantástico.

Adriana Sanches Pereira
Mãe, Mediadora de Direito e
Pastora do Ministério Embaixadores do Reino.

SUMÁRIO

CAPÍTULO 1

NO HALL DA VIDA, ENTRE DUAS HISTÓRIAS

Não precisei quase morrer para estar aqui, tampouco sofri algum grande trauma. Meus pais foram (e são) maravilhosos comigo. Mesmo diante das dificuldades inerentes de se colocar um novo ser nesse mundo, fizeram todo o possível para proporcionar, aos meus irmãos e a mim, o que havia de melhor.

Tenho uma família que, como qualquer outra, possui seus desafios e pontos de fricção. Meu pai e minha mãe são incríveis. Meus dois irmãos são preciosidades.

Nunca tive nenhum grande problema de saúde. Tirando alguns poucos resfriados após longas jornadas de trabalho, posso dizer que minha imunidade é muito maior do que eu mereço, e que minha saúde vai muito bem, obrigada.

Tenho um corpo lindo, que me leva para onde desejo. Ele é meu templo.

Tive experiências profissionais incríveis e desafiadoras e hoje construo a cada dia, ao lado de pessoas que eu amo e admiro, o sonho do empreendedorismo. Não trocaria isso por nada.

Tenho o marido que sempre sonhei, e vivo uma vida que vai muito além do que eu poderia imaginar! Amo e sou amada por alguém que compartilha o mesmo estilo de vida louco que o meu. Te amo, bebê!

Deus é maravilhoso, e não há nada melhor que estar na presença d'Ele.

Isto é um pouco da minha história. Ela pode se parecer ou não com a sua, mas, em um ponto, eu tenho certeza de que elas se conectam: ambas podem ser contadas de diversas formas.

Eu escolhi contar a minha da maneira que você leu acima. Mas ela também já foi assim:

Não sei o que estou fazendo nesse mundo idiota e hipócrita.

Meu pai é um grosso, estúpido, que só dá valor para o meu irmão. Nunca fala que me ama. Minha mãe é uma louca controladora que eu odeio. Queria que eles sumissem.

Tanta gente tem tudo e eu, aqui, precisando andar de ônibus, sendo que eles poderiam muito bem me dar um carro.

Um dos meus irmãos é uma peste perturbada. O outro é fofo (tem coisas que não mudam).

Meu corpo é horrível, sou nojenta. Metade da vida eu parecia um esqueleto ambulante, agora sou essa gorda ridícula. Não sei como alguém vai gostar de mim desse jeito. Sou um lixo, nojenta.

Meu trabalho é uma tortura. Nunca sei o que vai acontecer. Tenho de lidar com um milhão de problemas todos os dias. Eu me sinto uma escrava, tendo que aceitar todas essas maluquices. Que inferno.

Deus é uma invenção criada para gente fraca ter algum conforto.

Não sei o que estou fazendo aqui nessa vida.

Queria que tudo acabasse agora.

Queria poder dormir e não acordar.

O que aconteceria se eu morresse?

Talvez, fosse melhor simplesmente eu não acordar.

Se eu morrer, talvez a dor também passe…

E VOCÊ? QUAL HISTÓRIA TEM CONTADO PARA SI MESMO E PARA O MUNDO?

Contei essa segunda história durante boa parte da minha adolescência e começo da vida adulta. Hoje, entendo algumas das razões que me levaram a construir uma versão tão cruel, mesmo quando não havia uma crueldade que justificasse tanta tristeza.

Note que não vivi nada tão estratosférico, suficiente para considerar a morte como uma saída, como fiz durante um bom tempo. Com certeza, meus problemas estavam longe de serem considerados os mais graves do mundo, mas, para mim, eram insuportáveis. Eu não conseguia romper, enxergá-los de uma forma diferente ou fazer qualquer coisa a respeito. Era só um sofrimento sem fim. Um dia após o outro.

Sentia-me presa nesse formato de vida lamentável, vítima de todas as circunstâncias. Gostava de ouvir músicas tristes, melancólicas; de ficar me martirizando, esquadrinhando os motivos das minhas mazelas; de lamber as feridas e ter um pouco de gozo que fosse em meio ao caos. É possível encontrar prazer até na dor.

Fato é que não existe um ser humano sequer que habite nesta terra e que não tenha um problema para chamar de seu. Feio, bonito, pobre, rico... TODOS enfrentam questões e dificuldades em alguma área, ou mesmo em todas elas. Alguns possuem mais desafios, outros mais privilégios, merecidos ou herdados. Mas, ainda assim, os dilemas costumam ser os mesmos: família, trabalho, amor, dinheiro, saúde... E a lista continua.

Há um estágio, sim, de total desconhecimento dos próprios problemas, quando ainda nem sabemos por que vivemos tão insatisfeitos! Arrisco-me em dizer que a maioria de nós já deu nome e sobrenome aos próprios problemas. Alguns têm até endereço completo! Tem problema que vira bandeira. Cada um levanta o seu para se unir, categorizar e, assim, passar dias e anos a fio dando bastante ênfase e atenção a eles. Tem problema que é chique e exclusivo. Tem problema que é raro. Enfim, tem problema para todos os gostos...

Apesar de termos o hábito de achar que os nossos são únicos e especiais, somos essencialmente humanos e, no final, iguais em nossas mazelas. O ponto, porém, não é saber disso. Se apenas saber que temos problemas resolvesse as coisas, não existiriam mais psicólogos no mundo.

CONTE-ME SEUS PROBLEMAS, E EU TE DIREI QUEM ÉS

Saber, com certeza, é um dos passos para encontrar a saída — um dos primeiros e mais importantes, eu diria —, mas o caminho não pode parar aí. Uma vez que você sabe, é preciso fazer algo a respeito, porque ter ciência nos traz um certo conforto, no sentido de que, supostamente, "se eu sei, posso fazer algo a respeito quando eu quiser". É tipo o famoso "paro de fumar a hora que eu quiser", com o único adendo de que esse dia não costuma chegar nunca.

Se você falar com uma pessoa fumante, que bebe refrigerante, usa drogas, ou que possua qualquer outro comportamento autodestrutivo, irá notar que, em raríssimas exceções — talvez em alguma tribo indígena subaquática —, esse comportamento se justifica por falta de conhecimento. Na colossal maioria, a pessoa já sabe que aquilo não é adequado ou que lhe faz mal, mas segue fazendo mesmo assim.

Outro ponto é que a maioria de nós, quando sabe que tem um problema, gasta mais tempo tentando entender o porquê de ele existir do que tentando resolvê-lo, e aí fica mais perigoso ainda! Primeiro, porque dificilmente teremos respostas objetivas e satisfatórias para nossos dilemas, de modo que cada resposta, invariavelmente, levará a outro porquê. Além disso, os porquês nos direcionam para as desculpas — a partir do momento em que tenho uma justificativa para determinada situação ou comportamento, sinto-me legitimada a agir de uma certa forma ou maneira. Por exemplo, se descubro que não consigo ter um relacionamento amoroso decente porque meus pais foram ausentes, eu me sinto legitimada a reproduzir esse mesmo comportamento, afinal agora eu tenho uma desculpa para justificar o fato de eu estragar todas as minhas relações. Não é minha culpa ser fria, eu só sou assim porque não tive todo o amor que eu merecia, logo posso tratar os outros com desdém etc. Esse raciocínio me dá o direito de acusar e querer punir tanto aqueles que julgo terem sido meus malfeitores quanto, por tabela, os demais seres humanos, quer eu queira causar esses danos ou não.

Esse círculo vicioso se aplica tanto ao nosso quanto aos comportamentos alheios, para justificar relacionamentos abusivos e a presença de pessoas destruidoras nas nossas vidas também. “Se fulaninho é agressivo comigo, é porque apanhava dos pais quando era criança. Não é culpa dele ser assim, ele é uma vítima das circunstâncias e, principalmente, dos pais dele, aqueles agressores horríveis” etc.

Dependendo da classe social, dos grupos de amigos e/ ou dos interesses da pessoa, as justificativas ficam até mais elaboradas.

Depois de tanto culparem os coitados dos signos, a bola da vez passou a ser os temperamentos. É um tal de justificar preguiça, incompetência, ou ambos, com temperamento, que admito estar difícil de acompanhar.

Sem contar as 8923426 doenças que, do nada, do absoluto NADA, todo mundo passou a ter. O TDAH passou a ser diagnosticado em teste de internet e virou a causa mundial dos atrasados e procrastinadores. E, antes que você venha me enviar seu atestado médico ou um textão dizendo todas as influências que as doenças ou que o mercúrio retrógrado tem na vida de uma pessoa, eu já adianto que sei disso tudo. De forma alguma estou querendo menosprezar alguma condição de saúde ou o signo de Áries, trago apenas um alerta.

AFINAL, QUEM VIVE SE JUSTIFICANDO NÃO COSTUMA TER TEMPO PARA MAIS NADA.

Como eu ia dizendo, ficar tentando achar culpados é o equivalente a seguir montado no cavalo do acusador, puxando a carroça da vítima. O cocô do cavalo é a culpa, que vai deixando um rastro de arrependimento, que mostra por onde o pobre do cavalo já passou.

No final do dia, a culpa sempre vem. Por mais certo que você julgue estar, por mais razões que possa ter, nada nunca irá justificar um comportamento acusador e vitimista. Possivelmente, nada de bom sairá daí.

É bem provável que você fará mal aos outros, com jogos de acusações e palavras ferinas; como também a si próprio, por meio da culpa ou do arrependimento. Por isso, ainda aqui, em fase de aquecimento, é necessário que estabeleçamos as regras desse jogo que nos levará à saída. A primeira delas vem a seguir.

PARE DE VALORIZAR OS PORQUÊS

Apenas pare. Foi porque tinha que ser, porque foi, porque você escolheu, porque você deixou que escolhessem, porque aconteceu, porque Deus quis, inclua-aqui-o-porquê-que-quiser, mas pare. Se você tem até 18 anos, ok, até existe uma "licença", arbitrada pela ausência de maturidade, que lhe permite agir de modo infantil e vitimista. Se este não é seu caso, pare, porque, possivelmente, está feio.

Não podemos mudar a família em que nascemos ou as péssimas escolhas que fizemos no decorrer da vida, mas podemos, sim, mudar nossa forma de lidar com os resultados de tudo isso. Quando insistimos em atitudes imaturas e tentamos terceirizar a responsabilidade sobre a vida que vivemos, começamos a nos tornar personagens caricatos.

Temos a péssima mania de achar que nossos disfarces, personas e máscaras são incrivelmente bem bolados. Mas só pensamos assim porque não temos condições de assistir às nossas péssimas interpretações. Se você é um ser humano — eu suspeito que seja —, será impossível sustentar um personagem 24 horas por dia. Logo, está todo mundo vendo tudo.

Todo mundo já sacou! E já o categorizou de rebelde sem causa, de coitadinho, de desequilibrado, de sem-noção aproveitador, de ciumento desvairado, de que gasta sem ter, de que gosta de tirar onda, de riquinho problemático, e por aí vai... Não é focando nos porquês de você ser desse jeito ou justificando seus comportamentos que você irá sair do lugar. Se é assim que você tem tentado se encontrar, possivelmente, está buscando a saída de cara para um muro. A porta pode até abrir, mas você não irá chegar a lugar nenhum. Focar na mudança, de fato, sempre traz mais resultados.

A regra dos espelhos diz que (i) tudo que me incomoda, irrita ou quero mudar no outro está dentro de mim; (ii) toda crítica ou julgamento alheio que me incomoda está reprimido em mim, e é necessário trabalhar nisso; (iii) tudo que eu gosto ou amo no outro também está em mim, às vezes, sem ser percebido; e (iv) toda crítica, julgamento ou incômodo do outro a meu respeito, sem que me afete, pertence a ele. (LEIA NOVAMENTE)

Precisamos olhar para dentro de nós para entender de onde estão vindo os nossos incômodos e reconhecer suas raízes. Não é focando meramente nos porquês de ser assim ou assado e ficar justificando esses comportamentos que conseguiremos sair do lugar. Se é assim que você tem tentado se encontrar, possivelmente, está buscando a saída de cara para um muro. A porta pode até se abrir, mas você não irá chegar a lugar nenhum. Focar na mudança, de fato, sempre traz mais resultados.

No entanto, se você sente que não irá conseguir prosseguir caso não encontre esses malditos porquês e precisa realmente se contextualizar para que sua história mude, defina ações e prazos para obter as respostas que deseja. Busque ajuda, leia, entre em contato consigo mesmo. Não aceite viver uma vida medíocre pela preguiça ou pelo medo do que irá encontrar nessas incursões rumo à sua essência. Seja voraz na sua busca pelo aperfeiçoamento.

Esclareça os pontos que podem ter ficado mal explicados ou mal resolvidos junto aos seus familiares, ex-companheiros de trabalho, ex-amores, amigos... Tenha uma postura ativa em relação a isso. Saia de dentro da sua cabeça e limpe esses arquivos, até porque sempre vai existir mais de uma história. Existe a sua, a que aconteceu de fato e todas as outras (incontáveis) que os envolvidos criaram para si mesmos. O grande problema da sua existência pode não ter representado nada para uma outra pessoa envolvida. É bem possível, inclusive, que ela nem tenha entendido por que você se magoou ou se feriu tanto.

É PRECISO ENTENDER QUE CADA PESSOA É UM UNIVERSO PARTICULAR

Cada um tem suas próprias verdades, o que não significa que sejam verdades absolutas ou que estejam corretas. Um daltônico enxerga a cor verde como vermelha. Para ele, aquela percepção é real, mas o verde continua sendo verde. Cada um de nós, em razão de nossa personalidade, criação, influências, cultura, nacionalidade, educação, classe social etc., irá perceber o mundo de uma determinada forma. Aquilo que é importante para você pode não ser para o outro e vice-versa.

Tentar enxergar por novos prismas nos permite estar abertos a resolver o que quer que seja — inclusive a nós mesmos — de uma nova forma. Muitas das grandes viradas de chave que tive se deram após ouvir a percepção de outras pessoas sobre um ponto comum. Isso aconteceu após eu conhecer uma nova forma de olhar para situações, gostar delas e pegá-las para mim, absorvendo aquele modo de ver. Por isso, não importa a natureza do atrito, do problema, da questão ou daquilo que se está vivendo, importa como você decidiu olhar para isso e o que pode ser feito agora. As coisas acontecem, e pode ser que, dependendo do problema, você tenha mesmo sido "sorteado". E aí? O que, efetivamente, isso vai mudar daqui para a frente?

Se seus pais eram escrotos, seu cônjuge o chifrou, seu chefe era um arrogante; você foi assaltado, apanhou, perdeu um membro, teve câncer, tomou um calote, teve sua casa inundada, está endividado... O que vai ser a partir de agora? Se algo pode ser feito para esclarecer pontos internos ou externos, "lavar a roupa suja", faça. Se essa ação está disponível, se você tem as condições e possibilidades de fazer algo a respeito, simplesmente faça.

Mesmo que você saiba que está certo, permanece a necessidade de se enxergar através do olhar do outro. Seja humilde, pois há algo de divino na humildade. Quando nos simplificamos, ficamos mais compreensivos, aceitamos melhor a realidade do outro e tendemos a ter mais respeito pelas histórias e dores alheias. Tudo depende da perspectiva com que você olha, assim como do contexto da situação específica.

Se isso é impossível, se não dá para voltar atrás e consertar, se a pessoa com quem você queria falar não existe mais, ou se não tem como fazer mais nada a respeito, faça as pazes com o seu passado e deixe-o no lugar a que pertence. Faça a Elsa e let it go! Alimente outros sentimentos e histórias. Peça perdão em pensamento, faça algum ato simbólico. Escreva uma carta e a queime, eu sei lá! Se nada disso resolver, procure uma roça para capinar, pois a falta de coisa para fazer (assim como o excesso delas) é uma excelente fuga da realidade (falaremos disso mais adiante).

NO FINAL DO DIA, TODOS ESTAMOS NO PROCESSO

Se você está vivo, você está no processo. Nenhuma dúvida quanto a isso. Você pode lutar, espernear, ir contra tudo e todos, mas a única coisa que isso irá lhe trazer é mais tempo: mais tempo de desilusões e murros em ponta de faca. É como se você quisesse abrir uma porta usando a chave errada.

A vida segue seu percurso, ela flui. Diante de sua magnitude, fica difícil estabelecer um direcionamento específico, que pode ser e é diverso. Ainda que não consigamos estabelecer essa tal direção, com um pouco de sensibilidade, é possível sentir se o caminho em que estamos insistindo trilhar parece fluido, livre, ou se é um terreno pedregoso.

Obviamente, existem situações difíceis que nós não escolhemos, problemas sérios e reais que precisam ser enfrentados. Contudo, algo me diz que a maioria deles é criada por nós mesmos. Alguns para pertencermos, aproximarmo-nos dos demais, conseguirmos atenção. Criamos problemas por conta do ócio e da ansiedade. Antecipamos problemas e nos apegamos a outros do passado por serem conhecidos. É incrível como eles podem ter as mais diversas finalidades! Por isso, costumo dizer que, se é para ter problemas, que eles sejam originais, reais e, principalmente, novos. Inúmeros deles têm fontes ilusórias e não correspondem ao momento atual. Vários estão no passado, portanto já deveriam ter passado. Faça as pazes com ele. Evoluir nada mais é do que se adaptar a um universo que está sempre em transição.

Boa parte das dores sobrevive apenas pelo apego àquilo que foi, àquilo que não foi, àquilo que poderia ter sido. Se deixar, ficamos presos nas teias do "e se" indefinidamente, o que só nos fará perder mais tempo. Alguns de nós vivem tribulações futuras, quando elas ainda nem existem — são criadas pelos problemáticos futuristas, também chamados de ansiosos: aqueles que sonham em comprar uma casa, mas já sofrem pelo IPTU.

Todas as nossas preocupações se vinculam ou ao passado, ou ao futuro. O presente, este exato momento, é o único com o qual podemos estabelecer uma real conexão. E, ainda assim, é extremamente fugaz. Delicado e efêmero. É raro conseguirmos tocá-lo de verdade. Mas, se estivermos presentes no agora, a paz acontecerá.

Enquanto pensamos na sobremesa, o prato principal esfria, até que uma hora perdemos o desejo de comê-lo. A vida é esse prato. Nele, há um monte de comida velha e estragada que nos recusamos a jogar fora. Algumas delas foram dadas a você, outras você mesmo colocou, sem saber quando, onde ou porquê. O ponto é que, se estão ali agora, você deve fazer algo a respeito. Não é uma escolha.

Você pode correr, esquivar-se, esconder-se, fingir que não está fedendo, mas, uma hora (e essa hora sempre chega), você vai ter que enfrentar. Você terá dor de barriga se insistir em ingeri-la. Então, quanto antes fizer algo a respeito, melhor, porque o que não é resolvido sempre volta. E volta mais complexo, pode acreditar! É como aquela dívida que você não quer nem olhar para não saber o tamanho do buraco. Como aquela conversa da qual você vive fugindo. Como as atitudes pessoais que você sabe que precisa tomar, mas procrastina. Se você já sabe, se já tomou consciência, então algo deve ser feito, porque, cedo ou tarde, a vida vai apresentar a conta.

MUDE O DISCO (OU A MÚSICA DO SPOTIFY?) ENQUANTO É TEMPO

Você tem essa oportunidade. Todos nós, em alguma medida, temos. Não estou fazendo qualquer juízo de valor sobre a qualidade dessa chance. Alguns nascem com mais privilégios e recursos do que outros, isto é fato. Ainda assim, há quem faça muito com pouco. E há quem tenha muito e não faça quase nada.

Não é a quantidade ou a qualidade de recursos que é determinante para o sucesso ou para as vitórias de alguém. Se apenas ser rico fosse a resposta, não teríamos tantos milionários infelizes ou suicidas. Se ser pobre fosse algo determinante, não teríamos histórias tão belas como a de Geraldo Rufino[1], por exemplo.

Meu ponto é no sentido de que, independentemente das condições e recursos disponíveis, a cada pessoa são apresentadas, durante a vida, diversas possibilidades de evolução. É verdade que tais oportunidades, muitas vezes, vêm travestidas de situações que, a princípio, podemos não entender. Mas, a cada chance que renunciamos — seja por preguiça, suposta falta de preparo ou de sabedoria —, atrasamos a qualidade da nossa vida e, principalmente, das nossas relações.

Vejo pessoas buscando grandes acontecimentos, aqueles que as façam ficar motivadas, felizes ou que as levem a celebrar a vida. Vejo outras que pensam que ganhar na loteria é a solução de todos os seus problemas, ou que só conseguindo aquela promoção é que poderão relaxar. Vejo, ainda, outros que trabalham infelizes durante a semana, para serem felizes apenas da sexta à noite ao domingo. Há aqueles que torcem para chegar as férias, esquecendo-se de que tentar adiantar

---

1 Geraldo Rufino é fundador da JR Diesel, a maior empresa da América Latina em reciclagem e desmontagem de veículos. Nascido no estado de Minas Gerais e criado na favela do Sapé, em São Paulo, ainda criança, recolhia latinhas feitas de aço e folhas de flandres em lixões para vender no ferro-velho. Dados indicam que, hoje, a JR Diesel fatura anualmente 50 milhões de reais brutos.

os dias significa abreviar a vida. Há quem esteja infeliz no Brasil, achando que será feliz na Itália.

Em resumo, o mundo está cheio de paradoxos. Tudo isso, no final, soa insano. A vida já está acontecendo. Neste exato momento. Enquanto você está lendo isto, está tendo uma oportunidade. Exatamente agora, você pode fechar os olhos, respirar fundo e vivenciar a existência. Sentir-se em comunhão com tudo e com o Todo. Quer coisa mais perfeita do que isso? Portanto, faça um favor à sua existência e, nem que seja por um segundo, sinta-se grato. Isso é libertador.

APESAR DE TUDO ISSO, PRECISO DIZER A VERDADE

Eu seria hipócrita se dissesse que sempre pensei dessa forma e vi a vida assim. Por incontáveis vezes, pensei em tirar a minha vida. "Namorei" com as sacadas dos prédios, enquanto pensava: se eu pular agora, a dor também irá acabar. Por isso, posso dizer: ninguém se mata porque é covarde. É preciso muita coragem para tirar a própria vida. É preciso chegar ao limite da dor. É preciso que cada dia seja um novo dia de sofrimento, até que venha a pergunta: então, por que não parar tudo? É por isso que não podemos julgar a dor de quem não conhecemos.

Precisei viver neste estado mental durante um bom tempo para chegar à conclusão de que tudo não passava de fantasmas. Nada estava fora do lugar, mas, para mim, estava tudo errado. Eu me sentia errada, feia, desajustada. Estava me afogando na correnteza da vida, esperando que alguém viesse me salvar. Queria que alguém de fora reconhecesse a minha dor e me desse uma resposta, jogasse um colete salva-vidas para mim e me tirasse dali.

Até que, de tanto esperar, entendi que a única pessoa que poderia fazer isso por mim era eu mesma.

Parece clichê, eu sei. Mas clichês também fazem parte da vida. Enquanto estamos vivendo o agora, muita gente já passou por esse mundão e partiu. Por que, então, não aproveitarmos e aprendermos com o exemplo de pessoas que conseguiram mudar suas histórias? Foi isso que fiz — e continuo fazendo.

Devorei, ruminei e digeri dezenas de livros, participei de grupos de apoio na internet, ouvi incontáveis podcasts, conversei com muita gente, deixei de comprar coisas para poder pagar terapias, eventos etc. Meu maior investimento passou a ser em mim, no meu desenvolvimento pessoal. Assim, com o passar do tempo, aprendi que nada teria mudado se eu tivesse adquirido apenas o conhecimento, a teoria.

Aposto que você conhece alguém assim: sabe de tudo, mas não aplica nem 10% do que sabe. Isso ocorre porque, quando já sabemos de algo, ficamos confortáveis por achar que, assim que quisermos, mudaremos. Isso pode ser verdade, mas por que esperar? Quanto mais demoramos para fazer o que precisa ser feito, mais o tempo passa. No final, todos iremos chegar ao último capítulo da nossa existência. A diferença estará no tempo que você poderá experimentar uma vida maravilhosa, e não simplesmente sobreviver.

"A RESPOSTA ESTÁ NO CONHECIMENTO APLICADO"

Anthony Robbins, ou Tony Robbins, é o autor da frase acima. Ele é um estrategista, escritor, palestrante motivacional e também um famoso coach estadunidense. É um dos responsáveis pela popularização da Programação Neurolinguística.

Na medida que fui tendo mais clareza sobre meu processo de desenvolvimento pessoal, transformei tudo em um jogo. Cada nova técnica eu via como uma etapa que deveria concluir para chegar a uma nova fase. Quanto mais difícil de cumprir, quanto maior a luta para passar do chefão, maior a recompensa.

Até hoje, a sensação que tenho é que, de fato, ao adquirir e aplicar um novo conhecimento, eu destravo uma nova fase. Ver as coisas sob essa perspectiva demanda, meramente, treino. Por isso, eu o convido a passar dessas fases comigo, para aplicarmos juntos todas essas técnicas que me levaram a achar A Saída (nome do nosso livro, lembra?).

Vem comigo, que no caminho a gente desembola esse novelo.

CAPÍTULO 2

PRESOS EM LABIRINTOS

Se você já está aqui, comprometa-se a ir até o final. Eu prometo que valerá a pena!

A PERCEPÇÃO DO REDEMOINHO DO FALSO PRAZER

Eu gostaria de falar para você!
Eu gostaria de falar de amor com você
Mas acho que não ouviria o que eu tenho a dizer
Uma mulher tão bela andando assim nas sombras
Uma mulher tão bela vagando só por aí
À mercê das almas malvadas que querem te sugar
À mercê da negatividade a te rondar
Saia desse redemoinho do falso prazer
Girando de cabeça baixa, a tendência é descer
Tão Bela — Ponto de Equilíbrio

O cérebro que carregamos está conosco há alguns milhares de anos. A luta pela sobrevivência fez com que fossem instalados nele programas que nos defendem da morte. O medo foi e continua sendo nosso aliado, pois evita que nos submetamos a situações perigosas. O problema é que, mesmo após estarmos há tanto tempo vivendo em civilização, continuamos a sentir medo e a experimentar alguns sentimentos ancestrais que já não fazem mais sentido, como, por exemplo, o medo do escuro[1]. Por isso, existe a importância primária de entendermos nossos sentimentos e identificarmos as atitudes que se originam deles, a fim de compreender de onde eles vêm, pois suas causas podem nem mais existir, ainda que continuemos agindo como se existissem.

Às vezes, seus pais foram muito cautelosos com você, o que fez com que você chegasse à vida adulta com extremo medo de se arriscar em qualquer coisa. Em outro extremo, seus pais podem tê-lo reprimido muito, então você se tornou uma pessoa rebelde, que vive quebrando regras e já nem sabe mais por quê.

Tendemos a julgar os fatos isoladamente por não termos a visão do todo, porém, com o passar do tempo, muitas coisas que julgamos irrelevantes ou não entendemos por que aconteceram começam a fazer sentido. Do mesmo modo que nos foram transmitidos gatilhos mentais para lidarmos com os acontecimentos de forma negativa, temos a possibilidade de nos automodelar, de modo que esses gatilhos, quando acessados, levem-nos a lugares sem sofrimento. Temos a oportunidade, aqui e agora, de reformular o modo como lidamos com

---

1 Nos primórdios da humanidade, estávamos longe do topo da cadeia alimentar. Nossos ancestrais rapidamente aprenderam que muitos predadores preferem se esconder na escuridão para caçar; essa associação foi fortalecida no nosso subconsciente: fique longe da escuridão, é nela que está o perigo. Fonte: https://gizmodo.uol.com.br/giz-explica-medo-do-escuro/.

as coisas. Para isso, precisamos identificar nossos padrões e criar outros melhores para substituí-los.

Como comentei no início, durante muito tempo, apesar de possuir todos os (supostos) recursos que as pessoas julgam necessários para serem felizes, como condição financeira estável, família presente, amigos, bons colégios e vida ativa, eu era infeliz. Aqueles que me conhecem há mais tempo podem até se espantar com essa declaração, pois sorrisos escondem muitas coisas. Obviamente, eu tinha momentos de felicidade. Efêmeros, eles iam e vinham, eram inconstantes. Por derivarem de motivos e circunstâncias pontuais e externos, não costumavam durar muito. Esse fenômeno eu apelidei carinhosamente de ***redemoinho do falso prazer***. "Redemoinho", porque você fica preso dentro deles, sem conseguir encontrar uma forma de sair, embora você deseje sair. O prazer é falso porque a causa da sua desgraça costuma ser alimentada justamente por ele, contudo, como há um prazer imediato, você acaba ficando. É por isso que sair dessa dinâmica é extremamente difícil.

Tecnicamente, esse é um sistema de recompensa, um mecanismo arcaico do nosso cérebro, criado também para a nossa sobrevivência, pois ele nos direcionava a buscar coisas que motivem nossa vida e a de nossa espécie, como a busca por sexo, alimentos etc. A questão é que, nos tempos atuais, a busca por esses prazeres acaba por nos destruir, não por nos salvar.

Aprendemos a lidar com as nossas emoções não lidando com elas. Passamos a fugir de sentimentos "ruins", como dor, perda, tristeza e angústia. Ao invés de os enfrentarmos, entender suas raízes ou mesmo vivê-los em sua completude, fugimos deles — e a melhor forma de fugir deles é colocando algo prazeroso no lugar.

Assim, os redemoinhos costumam ocorrer quando tentamos suprir qualquer emoção, ou o famoso vazio, com felicidades temporárias e artificiais, ficando presos nos ciclos de prazer e culpa. Após nos satisfazermos temporariamente com __________ (preencha aqui com sua válvula de escape), a conta chega. Reencontramos o vazio e precisamos de uma nova dose. Acabamos por nos tornar insaciáveis na busca de fontes externas de felicidade, todas passageiras. Sempre que buscamos essas fontes externas e imediatas de prazer para chegarmos a estados de felicidade, acabamos gerando, de forma inconsciente, diversos curtos-circuitos.

Para que uma lâmpada seja acesa, é preciso existir uma resistência entre seu polo positivo e negativo. Quando extraímos a resistência da equação, queimamos a lâmpada. Antes de queimar, a luz será muito mais intensa e brilhante. Mas, em seguida, fatalmente se apagará. Quando, ao invés de buscarmos a estrada mais comprida e completa, vamos atrás de atalhos, a dor da resistência (que você pode chamar de disciplina) transforma-se na dor do arrependimento. Apreciar um prato de comida é bem diferente de comer até se empanturrar. Degustar um vinho com os amigos é bem diferente de se embebedar para esquecer a dor. Quase tudo pode ser feito de forma profana ou sagrada. As experiências físicas fazem parte da nossa busca, mas será que precisamos passar por todas elas, mesmo quando sabemos aonde elas vão dar?

O SEGREDO ESTÁ NA CONSCIÊNCIA

Você pode fazer qualquer coisa de diversas formas. Se você costuma agir por impulso, vai perceber que, logo após, quando o sangue esfria e a poeira baixa, você nem sabe dizer ao certo por que agiu como agiu. Você estava inconsciente. É como levar uma fechada no trânsito e já xingar ou sair do carro emputecido, ou como receber um e-mail do chefe e responder de forma malcriada.

Naqueles momentos em que você perde o controle; em que, ferozmente, você busca a satisfação imediata, seja discutindo, comendo ou fazendo qualquer outra coisa, pode observar que você sente prazer. É por isso que você faz. O momento da estupidez é prazeroso. Quando você revida, é bom, mas só por um instante — logo depois, você está nas trevas. Logo, vai precisar de um novo combustível para manter as tais luzes acesas. Vai precisar tratar mal outra pessoa, buscar novamente outra satisfação temporária…

> **Seja bem-vindo! Você entrou na porta do redemoinho do falso prazer, um local de satisfações temporárias e dores permanentes**

Estar inconsciente equivale a sair e deixar a porta de casa aberta. Qualquer um pode entrar. Se você não se encontra em um estado vigilante, tudo poderá exercer poder sobre você, dominá-lo. Você se torna suscetível, alvo fácil, mas ninguém tem o poder de deixá-lo mal.

Salvo algumas exceções negativas, as pessoas não costumam ter atitudes conscientes e maléficas direcionadas a prejudicar o outro. Isso é coisa de novela da Globo. Ou você acha que aquele cara da fechada no trânsito fez isso só porque você está atrasado? Que o outro "abençoado" atravessou na sua frente só para ferrar você? Sinto-me mal em escrever estas palavras, mas a dura realidade é que a gente vive proferindo esse tipo de coisa, mesmo sem perceber.

Por isso, acredito que uma das primeiras chaves que você precisa adquirir na vida é a chave da consciência. Sem ela, você sequer conseguirá fazer uma boa leitura deste livro. As palavras passarão e cairão na escuridão da inconsciência. Sem falar que ainda existe o risco, caso você consiga ler até o final, de sair falando mal...

Caso você sinta que, por alguma razão, não está presente nesta leitura, volte duas casas — ou, no caso, duas páginas. Isso não é uma competição. A leitura precisa ter resultado prático e, caso não tenha, será uma perda de tempo. Para você e para mim. A consciência é o começo de tudo. Somente com ela você conseguirá identificar seus padrões. Por isso, observe-se e seja como um escoteiro: sempre alerta e vigilante.

UM BOM SISTEMA DE VIGILÂNCIA NAS PORTAS DO PENSAMENTO E DA PALAVRA

Para sair do redemoinho do falso prazer, você precisará entender que a chave da consciência é o que irá possibilitar que você abra as portas do pensamento e da palavra de uma forma mais sábia. Quando você está naquela fase de descontrole total, quando parece que tudo está passando e você é apenas um efeito, suas portas estão abertas, destrancadas. Entra quem quer na sua vida, nos seus pensamentos e, por consequência, nos seus sentimentos. Sai da sua boca qualquer coisa. Há um completo descontrole de pensamentos, palavras e ações, pois não há consciência.

Mas nem tudo está perdido: lembre-se de que você pode sempre retomar o controle dos seus pensamentos, das suas palavras e, consequentemente, das suas ações. Se você ainda desconhece o tal segredo — aliás, suspeito que, para muita gente, nem seja segredo mais —, eu conto agora: praticamente tudo o que acontece no mundo externo começa a partir do mundo interno.

Para construir um prédio, um arquiteto precisa, primeiro, pensar na construção. Antes de o prédio existir de fato, já existia no pensamento de quem o idealizou. Como você pode criar algo que nunca existiu sem pensar nele antes? Sem sonhar com uma realidade em que isso exista? Via de regra, projetamos o futuro baseados em pensamentos acerca do nosso passado. Por isso, é tão comum pensarmos: *eu sabia que isso iria acontecer!*

Como se não bastasse ter um passado insatisfatório, ele nos leva a projetá-lo por ser a única realidade conhecida. Para piorar, nossas palavras reforçam essa realidade. Maldizemos a nós mesmos e dizemos coisas que são exatamente o oposto daquilo que mais desejamos. Assim, seguimos no redemoinho.

Por isso, embora sua vida externa esteja fora de controle, embolada no redemoinho ou como se estivesse sendo levada por uma correnteza, é possível que, aos poucos, você comece a se sentir dono dela novamente.

Um modo que encontrei de tornar isso possível foi através da consciência acerca dos meus pensamentos e palavras. Isto porque nossas ações (ou a falta delas) estão muito atreladas à forma como nos sentimos, a qual deriva do que pensamos. E a maneira como nos comunicamos dá sinais valiosos sobre nossos sentimentos e pensamentos.

Como é bem mais fácil controlar o que sai da sua boca do que o que surge em sua mente, minha sugestão é que você **comece pelas palavras**. Invariavelmente, você terá que cuidar dos pensamentos também, mas comece pequeno, devagar e com constância! Esta é outra chave, sobre a qual falaremos adiante.

FAÇA OS SEGUINTES EXERCÍCIOS:

- Passe um dia, meio dia, uma hora que seja, observando as palavras que saem da sua boca. Esse simples exercício mostrará MUITO sobre você.
- Observe se você usa, com frequência, advérbios como SEMPRE, NUNCA, JAMAIS ("isso é sempre é assim", "nunca vou conseguir", "jamais passarei nesta prova" e similares). Tais palavras matam, já de saída, as possibilidades de um resultado diferente. Ao usá-las, é como se você eliminasse as chances de um futuro diferente.

- Observe se você usa mais expressões positivas ou negativas no seu dia a dia.
- Quantos nãos você fala por dia? Cada um deles é um fechamento de porta. Por isso, sempre que precisar dizer um não, diga-o de forma que pareça um sim (com gentileza, sorriso, abertura e elegância). Seja agradável, mesmo nas negativas.
- Você é educado ou bruto? Qual é o tom das suas palavras? Lembre-se de que é possível ser estúpido sem dizer nenhum palavrão.

Qual é o som que tem reverberado do seu coração? As palavras saem de um lugar de amor ou de ódio?

ANOTE AQUI SEUS RESULTADOS:

Veja quanto trabalho você já tem para fazer apenas com essa listinha básica de exercícios! Mas não despreze o que é simples. **A maioria das respostas é simples, o que não quer dizer que seja fácil**. Por isso, sugiro que você só continue as próximas fases se tiver finalizado as anteriores. Para encontrar a saída, é preciso passar por todas as etapas, além de abrir as portas certas. Este não é como aquele saudoso brinquedinho, o Tamagotchi *(denunciei minha idade!)*, em que a gente podia ir adiantando as vidas para ele crescer mais rápido. Contudo, se você for teimoso e curioso (tipo eu) e já quiser seguir adiante para aplicar tudo de uma vez, é com você! Ninguém melhor do que você mesmo para definir a melhor forma, hora e local de executar as coisas.

APENAS FAÇA! (ENCARE COMO UM JOGO)

Depois de observar as palavras negativas/taxativas que você fala com mais frequência, o ideal é que você as anote em um papel ou no celular/computador, para que as coisas saiam do mundo das ideias e passem para o cenário prático. Em ambos os casos, a sacada está em tomar consciência das palavras que o rebaixam e, imediatamente, trocar por outras, positivas.

Ao invés de dizer: “Vê se não vai esquecer o negócio!”, diga: “Vê se lembra de trazer o negócio”. Passe a utilizar palavras que correspondam ao que você deseja que aconteça.

Se eu usar a palavra esquecer, a ênfase estará em esquecer, e não em lembrar. Os verbos "achar" e "tentar", por exemplo, também devem ser evitados. Só fale quando essa for a ideia que você realmente quiser passar, porque quem acha não tem certeza, e quem tenta já deu espaço para a possibilidade de dar errado. Use-as com consciência.

Outro ponto, que não posso deixar de citar, refere-se aos adjetivos. As palavras são carregadas de energia e significado. Se você vive dizendo que está "morrendo de cansaço", que está "esgotado", "doente", "triste", "falido", "todo endividado", "ferr@do", como você acha que irá se sentir? Isso é mais uma questão de lógica do que papo de *coach* (embora também seja).

Se você está cansado e precisa mesmo descansar, identifique-se apenas com aquilo que você quer e deixe esses sentimentos no passado:

– Eu estava cansada, agora já estou maravilhosa;
– Isso também vai passar;
– É só uma situação passageira;
– Eu tenho tudo de que preciso para chegar aonde quero.

Isso não é ser leviano, hipócrita ou mentiroso; é criar a sua própria realidade, ou pelo menos decretar aquilo que você quer que aconteça, **embora possa não vir a acontecer.**

É IMPORTANTE QUE VOCÊ SAIBA QUE NÃO HÁ GARANTIAS

Você enxergar algo de forma diferente e empenhar esforços verbais ou comportamentais em prol de um resultado desejado não significa que as coisas sairão conforme a sua expectativa. Certamente, esses esforços contribuem, mas não geram relações diretas de causa e efeito, pois a vida não é uma ciência exata. Se fosse, todos os pessimistas seriam pobres e não existiria nenhum otimista quebrado. Eu gosto de dar umas exageradas para chamar a sua atenção, assim podemos olhar para os verdadeiros objetivos.

Falar de forma positiva, ter cuidado com as palavras e com a nossa comunicação geram um resultado imediato em **NÓS, ao nosso redor e no ambiente**, mas não necessariamente naquilo que irá acontecer mais adiante, em um futuro que não temos como adivinhar. Se tem uma coisa que a nossa existência não prevê são garantias. Justamente por isso, buscamos ter um mínimo de previsibilidade com aquilo que temos um mínimo de controle: nosso próprio comportamento.

Após essa tomada de consciência das palavras, você notará que, quando for falá-las, irá quase engasgar. Quanto mais você repetir esse exercício de observação, maior será seu controle ao proferi-las. Você vai ficar calejado e muito melhor preparado para focar — e falar — escolhendo melhor as palavras e o que quer causar por meio delas.

O mais importante é o seguinte: faça algo para mudar! Faça do seu jeito, mas faça. Por falar em fazer, aproveite aí e já me escreva o que achou do exercício anterior e se viu utilidade nele. Todos aqueles que me mandam e-mails recebem um presente fofo. Então, não se esqueça de, junto ao e-mail, mandar também seu endereço!

Tudo *ok* na observação das palavras? Então, é hora de continuarmos nosso caminho.

O que a cabeça começa, o coração mantém

É no alto do nosso corpo, bem na cabeça, que tudo começa. Uma ideia cruza seu caminho. Um sonho parece palpável. O coração se agita. É tudo real, o sentimento é verdadeiro. Instantes depois, você se lembra que tem que pagar a faculdade, ir fazer um exame médico ou cumprir qualquer outra responsabilidade.

Como dois pensamentos geralmente não conseguem ocupar o mesmo espaço, um acaba se sobrepondo ao outro, e você se conecta com aquele sentimento preocupante de não conseguir arcar com suas dívidas, de não conseguir cumprir todos os seus compromissos etc. Enfim, você se conecta com tudo aquilo que está relacionado com o seu dia a dia e com a sua sobrevivência.

CAPÍTULO 3

ENTENDENDO O MAPA

Superada a fase das palavras, você já começará a notar mudanças. Se você se assustou com o que observou sobre suas palavras, prepare-se para começar a observar os seus pensamentos. A dinâmica é a mesma, com um complicador adicional: a missão de afastar os pensamentos desnecessários.

Ao observar seus pensamentos, você verá como se relaciona consigo mesmo. É importante que você analise a natureza desses pensamentos e quais sentimentos eles trazem a você. O que vem com eles? Ansiedade, medo, desconfiança, aflição, tristeza? Identificá-los faz parte do autoconhecimento. Do contrário, você termina dizendo: "Ai, não sei, estou sentindo um troço!". Medo ou tristeza a gente consegue mapear, identificar e fazer algo a respeito. Agora, se você está sentindo um "troço" que nem sabe o que é, como poderá agir?

POR ISSO, DÊ NOME AOS BOIS!

Lá nos primórdios do meu desenvolvimento pessoal, eu lutava muito com minha mente, para afastar os pensamentos que não eram saudáveis. Devo ser sincera... Em relação a algumas áreas da minha vida, invariavelmente aquelas que ficaram renegadas por mais tempo, alguns deles ainda surgem, mas eu logo os coloco em seus devidos lugares.

Percebi, também, que eu me tratava muito mal, de uma forma que eu não trataria nem meu pior inimigo (e olha que eu nem tenho um...). Na verdade, é como se eu mesma fosse meu pior inimigo. Eu era gorda, burra, idiota, a pessoa que fazia tudo errado sempre. Era com essas e outras palavras piores que eu me comunicava internamente.

Era sempre aquela história: antes de tomar uma iniciativa pessoal ou profissional, uma chuva de pensamentos, dos mais odiosos e negativos possíveis, inundavam-me. Eu não sabia como fechar as portas da minha mente e também não conseguia separar os meus pensamentos de mim. **Eu acreditava ser aquilo que pensava**.

Tudo que eu pensava e ouvia das pessoas me impactava. Eu estava sempre sujeita a agentes internos e externos; como uma bandeira suscetível ao vento, eu era direcionada por tudo aquilo que eu pensasse ou que pensassem sobre mim. Para evitar a dor da perda, a dor de não ter aquilo que eu esperava, eu já matava qualquer expectativa logo de início. Assim, se não ocorresse aquilo que eu visualizei — afinal, já tinha imaginado o cenário mais bizarro possível —, eu não iria me frustrar ou me magoar.

Com o tempo, descobri que isso era furada; a carga que eu mesma colocava sobre mim costumava ser muito maior do que um eventual resultado negativo. Aquele terror percorria a minha mente, drenava a minha energia, deixava-me cansada. E olha que ainda nem tinha acontecido nada! Esse sentimento é o que se chama de ansiedade: o excesso de futuro no presente. É uma espécie de medo do porvir. A coisa ainda nem aconteceu, mas já estamos criando histórias totalmente irreais e ilusórias. Isso não ajuda em nada. Não vale a pena. Mude o foco.

No começo, você vai ter que virar um guardião dos seus próprios pensamentos. Vai precisar fazer vigília dia e noite para determinar aqueles que valem a pena alimentar ou não. Se há algo para fazer a respeito do tal pensamento, faça. Se não, esqueça-os.

Importa mencionar que não se trata de ter medo de tais pensamentos ou de tentar evitá-los a qualquer custo, na verdade, é justamente o contrário: trata-se de olhar bem de frente para eles e até perguntar: "O que mais você tem a dizer?", ou lançar um sincero: "Obrigado por compartilhar", antes de tomar a providência que faz sentido. Você deve ter domínio sobre eles, e não o contrário. Permaneça vigilante!

Se você está em casa, o ladrão da felicidade pode até tentar entrar, mas encontrará dificuldades, pois você já terá montado um sistema de vigilância. Quando perceber um pensamento negativo intruso tentando invadir, os alarmes soarão, e você terá condições de mandá-los vazar.

Quando você está alerta, vivendo o momento presente, fica mais difícil fazer coisas estúpidas. Se você sai de cena, tudo pode influenciá-lo; é como se a casa ficasse livre para quem quisesse entrar.

ATENÇÃO!

Pensamentos sempre andam em bando

Não sei se você já observou, mas dificilmente um pensamento aparece sozinho. Se apenas um conseguir se instaurar na sua mente, logo chamará os amigos, e aí, "senta e chora", porque vai ser difícil acabar com a festinha deles. Você vai precisar fechar essa porta e se esforçar para pensar em outra coisa, mudar a direção, o tema.

VOCÊ TEM A CHAVE PARA TRANCAR ESSA PORTA. É VOCÊ QUE ESCOLHE QUEM PODE ENTRAR

Você deve ser o síndico, o gerente, o capitão dos seus pensamentos. Você pode escolher em qual deles colocar sua atenção, assim como pode escolher as músicas, palestras, livros e companhias que deseja. Busque algo físico para fazer: lavar a louça, arrumar seu guarda-roupa, conversar sobre outro assunto com alguém. Quando mudamos o interno, o externo muda, e o contrário também se aplica: quando mudamos nossa realidade externa — postura, vestimentas, atividades, amigos etc. —, nosso interior também muda.

O lado bom é que isso vale tanto para os pensamentos negativos como para os positivos. Assim, se você conseguir colocar um pensamento melhor no lugar daquele que você quiser mandar embora, é bem provável que, ao fazer isso, você consiga ter outros pensamentos melhores em bando também.

É completamente normal e esperado que você não consiga fazer isso nas primeiras vezes. É provável, também, que você tenha que repetir o processo algumas vezes, pois há pensamentos que ficam indo e voltando. Tenha paciência e não se esqueça de que **seus pensamentos não são você, nem refletem, necessariamente, a realidade**.

Só porque pensou algo ruim, não significa que você seja ruim. *Até pode ser que você seja ruim e os seus pensamentos reflitam isso, mas acredito, na realidade, que você só teve um pensamento ruim mesmo!* Ele, por si só, não é o suficiente para representá-lo. Às vezes, estamos frustrados, magoados, irados, e pensamos coisas terríveis — sobre nós e sobre os outros —, as quais nunca colocaremos em prática. Quando a poeira baixa, vemos que não era nada daquilo que queríamos fazer ou pensar.

ENTÃO CALMA, COCADA![1] CALMA!

(Aqui estou eu, denunciando minha idade de novo)

Só porque você pensou algo sobre uma situação ou alguém, isso não significa que seja verdade! Experimente pensar que seu marido ou esposa o está traindo. Note se você não mudará sua postura, seu sentimento... O mesmo acontece se você imaginar que está chupando um limão. Faça o teste! Imagine que você quer fazer um suco e que irá colocar estes ingredientes no liquidificador:

1 Nos anos 1990, havia um personagem no finado programa **"A praça é nossa"**, do SBT, chamado Lindeza, cujo bordão era: "Calma, Cocada".

5 limões
1 jiló
2 tangerinas
10 quiabos
500ml de pimenta
1 pedaço de gengibre
1 sola de sapato
1 chiclete mordido
Cuspe

AGORA, IMAGINE QUE VOCÊ ESTÁ BEBENDO ESSA DELÍCIA!

Embora o exemplo seja fictício, nossa reação é real. Sentimos o azedo do limão, o gosto do solado do sapato…, mas nem aconteceu nada! Muitas vezes, é isso que fazemos com nossa mente. Colocamos muitos pensamentos ruins dentro dela, que precisará processar tudo aquilo que iremos absorver depois. Acabamos nos sentindo mal, em virtude de todo o lixo em que estamos pensando.

Vamos a outro exemplo:

O relacionamento de um casal anda com certos problemas, mas eles estão trabalhando para ajustarem o que é necessário. Em razão disso, marcam um jantar, para ter um momento mais íntimo. O esposo/namorado ou a esposa/namorada combinou de chegar em certo horário, mas já se atrasou cerca de meia hora e nada. O telefone parece não estar recebendo ligações. Nesse exemplo hipotético, quero trazer dois pensamentos que a pessoa que ficou esperando pode ter tido:

"Aposto que ele(a) já mudou de ideia e desistiu de tudo ou nem deve ter se lembrado do que marcou comigo, pois nunca valoriza nossos acordos."

"Nossa, vai ver ele(a) parou para comprar algo e fazer uma surpresa, por isso está demorando um pouquinho. De repente, acabou a bateria no meio do caminho, mas ele(a) já deve estar chegando..."

Mesmo episódio. Dois pensamentos diferentes.

Qual dessas duas pessoas está com sentimentos de confiança e paz no coração e qual delas está com sentimentos de ansiedade e tristeza?

Não é muito difícil chegar à resposta... Por isso, o pior de todos os pensamentos negativos não é nem o pensamento em si, mas o que vem após ele, afinal **SENTIMENTOS** serão gerados, fazendo com que o sujeito **AJA** de acordo com eles.

Pode ser que a primeira pessoa fique tão frustrada e revoltada com a demora que abandone tudo e vá embora do restaurante, disposta a não dar mais nenhuma chance para o seu par, mas uma hora depois descubra que ele não conseguiu responder porque ficou sem bateria ou sofreu um acidente no trânsito. Sabemos que, ao final, pode ser que a primeira pessoa — pessimista em relação à situação — estivesse correta e que a segunda tenha se frustrado. Nada impede que nenhum cenário aconteça ou deixe de acontecer. Meu ponto, portanto, não é necessariamente a respeito do resultado, mas sim acerca de tudo que irá acontecer até que o desfecho ocorra.

Por mais que nos esforcemos em prol de um fim e tenhamos pensamentos positivos sobre ele, não conseguiremos ter a certeza absoluta de que ele ocorrerá. Inclusive, pode ser que tudo aconteça de uma forma completamente diferente daquilo que queríamos ou pensávamos. Não temos pleno controle sobre as ações e reações dos outros, mas podemos ter muito mais controle das nossas. Talvez, a palavra "controle" nem seja adequada, porque, se você "se controla", embora isso seja benéfico, não irá resolver o que está dentro de você.

Tudo que você "está controlando" permanece aí dentro; uma hora irá sair, e não sairá bonito. Quando você muda a sua forma de PENSAR, muda a sua forma de SENTIR. Logo, você não estará controlando um sentimento horrível, porque ele nem chegará a aparecer.

Ao escolher uma melhor interpretação dos fatos, você, na verdade, estará escolhendo a forma como **quer se sentir**.

Lembre-se de que a vida acontece a partir da gente! A expectativa pode até estar errada, mas você pode viver de modo muito mais leve.

IMPORTANTE!

Minha intenção ao falar da porta dos pensamentos não é que você descredibilize tudo em que pensar, mas que você entenda que: (1) você não é os seus pensamentos; (2) só porque você pensou algo, não significa que isso seja verdade; (3) é possível não ser controlado por esses pensamentos; e (4) é possível **escolher** aqueles que quer que estejam com você.

O objetivo, portanto, é que você tenha autonomia tanto a respeito daquilo que você fala (primeira porta), como daquilo que você pensa (segunda porta). Ao nos dissociarmos disso, poderemos olhar para a realidade como ela é e analisar, na prática, o que é verdadeiro e o que é falso.

No meio desse bololô de palavras e de pensamentos, é possível encontrar a verdade, mas se antes você não sair de cena e se observar por fora, como estou sugerindo, irá se misturar com eles e não conseguirá ter a clareza necessária que a verdade requer. Assim como um gari se acostuma com o cheiro do caminhão de lixo, nós nos acostumamos com praticamente tudo nas nossas vidas, inclusive com as coisas ruins.

Quando conseguimos nos enxergar de fora, extraímos o sentimento da equação e vemos a realidade como ela se apresenta. Dentro disso, é possível aferir que alguns dos pensamentos e palavras que você tem a seu próprio respeito são, de fato, reais!

A PORTA DA REALIDADE

A CHAVE PARA ABRIR ESSA PORTA É ENXERGAR-SE POR FORA E RECEBER O QUE VOCÊ ENCONTRAR

Pode ser que sua atuação no mundo não esteja gerando qualquer resultado interessante. Pode ser que o seu comportamento seja de uma pessoa egoísta e distante, que só se preocupa com o próprio umbigo, então o pensamento "eu não sirvo para nada", embora não seja real em sua completude, aponta para algo que você realmente deve observar e se perguntar se você pode ser mais útil no contexto em que se encontra. Pode ser, por exemplo, que você esteja gorda/gordo. Isso não quer dizer que você não tem valor, nem que você é um lixo — como eu mesma pensava —, apenas significa que você está acima do peso. Caso você não se sinta bem assim, terá que se instalar na realidade e buscar ferramentas para o auxiliarem nessa jornada. Pode ser que você seja desinteressante, então também terá que olhar para isso de um ponto de vista crítico e se perguntar: "Eu busco informações? Novas relações? Realmente me preocupo em ser interessante? O que posso fazer a esse respeito?".

Falando assim, até parece fácil, mas o grande problema é que a gente NÃO QUER ENXERGAR. Gostamos das nossas partes bonitinhas e cheirosinhas, mas outras, que nos confrontam, podem ficar escondidas na despensa da nossa alma. Quanto mais rápido entendermos isso e fizermos um movimento rumo às verdadeiras questões, mais rápido poderemos viver novos desafios e sair, de uma vez por todas, dos redemoinhos do falso prazer.

Enquanto não aceitarmos uma dada situação, estaremos brigando com a vida, indo contra a natureza, contra a fluidez. Quanto maior a dificuldade em perceber a realidade como ela se apresenta, maior o sofrimento, pois, no fundo, sabemos que algo não está bem, mas nos recusamos a enxergar porque tememos o que podemos encontrar no caminho. Com isso, seguimos fugindo, não ouvindo o que as pessoas e as circunstâncias tentam — incansavelmente — nos mostrar.

A falta de reconhecimento da realidade vem da nossa necessidade de estar no controle. É a ausência de aceitação que nos leva a desafiar a vida, a tentar pegá-la com nossas próprias mãos e, geralmente, à força, por querer que tudo seja do "nosso jeito". Programamos e queremos que as coisas aconteçam de uma forma ou de outra. Damos ordens para a vida, e ela, olhando-nos do alto de sua grandeza, simplesmente ri da nossa ignorância. Lutar contra isso é pura perda de tempo.

Se você está em uma situação que não consegue aceitar, **aceite que não aceita**. Esta é uma atitude libertadora. Você continua sem aceitar, porém, dessa vez, ao menos aceita o fato de não aceitar.

Tenho uma confissão a fazer: eu tenho um pé horroroso. Isso já foi um problema real para mim. Para começar, tenho joanete. Meus pés estão bem longe daquele padrão de pezinhos bonitos. De acordo com amigos mais próximos, meu pé está no rol dos mais feios que eles já tiveram o desprazer de olhar. Durante muito tempo, eu os odiei, a ponto de, simplesmente, ignorá-los. Conclusão: por falta de cuidados, eles ficavam ainda mais feios. Diante dessa minha realidade, só me restavam duas atitudes: fazer algo a respeito ou aceitá-los. Eu podia me submeter a uma operação nos pés, que me obrigaria a ficar 30 dias sem pisar no chão, ou parar de supervalorizar/justificar todos os defeitos deles ou de escondê-los. Quando decidi que a feiura deles não era suficiente para me fazer correr o risco de operá-los (o que poderia, inclusive, deixá-los ainda piores), aceitá-los como são se tornou a única saída possível. Ao compreender que, apesar de feios, eram meus (além de serem os únicos que eu tinha), passei a sentir amor por eles: quis pintar minhas unhas, esfoliar meus pés, colocá-los de molho... Eu aprendi a gostar deles e ouso dizer que (quase) os acho bonitos. Eu continuo reconhecendo que sua anatomia não é das melhores em termos estéticos, mas a funcionalidade deles é maravilhosa — e é isso que importa.

Ah, um adendo: meu marido adora meus pés! Diz ele que gosta que meu pé seja fino e que meus dedos sejam magrinhos e compridos. Vai entender...

Dependendo de como você encara seus processos, tudo pode ficar divertido. Hoje, acho graça disso tudo! Se alguém criticar ou falar dos meus pés, não vai mudar em nada minha vida, pois EU já estou resolvida com a situação: enxerguei a realidade, mensurei meus caminhos e fiz minhas escolhas. O problema é que, quando não enxergamos a realidade, sequer temos a oportunidade de aceitá-la. Vamos vivendo e acumulando um monte de questões mal resolvidas, pois não queremos ou não sabemos como enfrentá-las. Assim, quando alguém nos fala o óbvio (que não queremos ver ou reconhecer), ficamos imensamente ofendidos.

Eu decidi encarar essas coisas da vida como um jogo, pois sei que, cada vez que sou exposta a uma situação difícil ou desafiadora, tenho a oportunidade de mudar o meu futuro. Lutar com nossos sentimentos é tão eficaz quanto usar um casaco de moletom sem manga e sem capuz. Não faz sentido! Esse reconhecimento consiste em receber aquilo que você está sentindo, independentemente do "porquê" você está sentindo. Aquilo que pode ser bobeira para uma pessoa pode não ser para você e vice-versa.

Você se magoou, se frustrou, se chateou, foi enganado, usado, traído, trocado, levou um pé na bunda. Tudo pode acontecer, inclusive nada. Às vezes, sua tristeza é porque "nada acontece", e tudo bem, também é legítimo. É completamente normal e aceitável sentirmos o que estamos sentindo. A menos que você seja um ator ou uma atriz, você não tem controle sobre o que sente, pois sentimentos vêm e vão. O que muda é o que você faz a respeito do que está sentindo e como você canaliza esses sentimentos. Há alguns que são viscerais, doem na alma. Há tristezas que nos derrubam, situações que nos fazem sentir ira, inconformismo. Há amores que não poderão ser realizados. Há amizades que acabam. Há muitos sentimentos por aí. Mas o que você faz quando eles vêm? Tenta jogá-los em um canto, para não os ver? Tem sede de vingança e busca retribuir o que lhe fizeram? Desiste da vida e de si próprio, afundando-se em paliativos como drogas, sexo, jogos, telas? Enquanto você lutar com esses sentimentos, eles estarão sempre presentes; ao passo que se você fingir que eles não existem, só irá transformá-los em um monstro ainda maior quando vierem à tona.

Não há cura sem enfrentamento e consequente reconhecimento da realidade. Quando você verifica a realidade como ela se apresenta, ela perde o poder sobre você. Mas isso só acontece quando você tem a confiança de que, embora as coisas até pudessem ser diferentes, elas já aconteceram; foi como foi. Não estou dizendo que você mesmo não tenha cavado o buraco em que se meteu — é preciso que você se responsabilize SEMPRE pela parte que lhe cabe. Contudo, a culpa nunca é uma aliada.

O acordo acontece quando somos gratos pela experiência, seja ela qual for. Quando entendemos que "É… Talvez não seja mesmo daquele jeito que eu queria". Desse modo, largamos as rédeas daquilo que achávamos estar controlando. Isso acontece conosco em relação à vida, mas acontece também — e até com maior frequência — em nossas relações interpessoais. Transferimos nossa tentativa de controle da vida para nossos filhos, namorados, maridos, esposas, funcionários, pets etc. Queremos que eles se comportem da exata maneira que convencionamos. Queremos que eles sejam do jeito que queremos, de um modo que possa nos trazer felicidade. Aí, se não é do nosso jeito, cremos que não vale a pena viver.

Sentimentos como raiva, agressividade e tristezas intermináveis derivam da perda de controle. Você queria que fosse de um jeito. Que pena… Não foi. E, se não foi, não me parece muito sábio gastar o que falta, o que ainda pode ser, tentando desvendar o mistério: "Por que não foi?". Melhor é se perguntar: "O que posso extrair de positivo dessa experiência? O que a vida está tentando me mostrar?". Se você ficar buscando explicações infinitas, acabará perdendo a chance de estar de corpo e alma no presente, de ficar aberto para o que ainda pode ser. Esses pensamentos não ajudam em absolutamente nada! Podem até trazer alguma clareza, mas se a decisão de continuar pode ocorrer independentemente disso, por que esperar mais? A vida é sua e, obviamente, você faz dela o que achar melhor. Só estou compartilhando aquilo que funcionou para mim e que também é corroborado por inúmeras pessoas.

A real é que nem sempre desejamos genuinamente o bem do outro. Só queremos que ele seja e aja de uma forma que nos traga menos problemas, que faça as pessoas olharem mais bondosamente para nós. **Queremos que o outro mude para o nosso bel prazer, não para o dele.**

Comece a observar os motivos que o levam a ficar com raiva, tristeza, desgosto etc. É bem provável que você descubra que se frustrou porque suas expectativas não foram atendidas, porque alguém não fez o que você gostaria que fosse feito. É sempre sobre nós, né?

No começo, no final, durante, no meio, após e antes de qualquer acontecimento, a única coisa que realmente existe é a nossa própria relação com a experiência. Estamos o tempo todo categorizando as coisas a partir da nossa perspectiva, das lentes que colocamos. Talvez, não fosse para você. Talvez, não fosse a hora. Foi como tinha que ser. Entenda que só nos é dado aquilo que somos capazes de carregar. Apenas quando enxergamos a verdade nua e crua é que podemos ir para o plano prático. Do contrário, ficamos presos em nossas cabeças, confabulando mil coisas e, no final do dia, não saímos do lugar.

Quando você detém a autoridade sobre aquilo que fala e pensa, torna-se possível extrair-se da equação, observar tudo o que está acontecendo dentro e a partir de você e escolher o que deve ou não ser encarado. Precisamos ser honestos, porque algumas realidades doem, fazendo com que fujamos delas com todas as nossas forças. A boa notícia (eu entendo como boa!) é que deixar para depois não irá deixar mais fácil! Tudo o que não é resolvido volta! ***Life is a boomerang.*** Quando conseguirmos olhar para nós na terceira pessoa e analisar nossos comportamentos sem nos afetar, conseguiremos, também, extrair lições valiosas sobre como estamos nos portando diante do mundo e identificar quais desafios teremos pela frente, rumo à saída.

Muitas vezes, estamos buscando um caminho indo na direção oposta a ele. Queremos encontrar nosso destino e propósito, mas só escolhemos estradas que não nos levam a lugar algum. Tudo isso nos causa uma frustração enorme! Sabemos que não estamos onde queríamos estar, porém, também não sabemos ao certo o que fazer a respeito — é por isso que precisamos nos instalar na realidade e Olhar para as coisas como elas **estão**. Analise:

Você está tendo comportamentos de uma pessoa preguiçosa, egoísta, superficial? Está sendo uma pessoa sem empatia, sem atenção? Tem cumprido o que se comprometeu a fazer?

A maioria das pessoas está tão descredibilizada com a própria palavra, que nem confia mais naquilo que propõe. Tenha zelo com suas promessas. Avalie a realidade prática para mensurar se aquilo que você está falando será possível, como comparecer àquele aniversário ou ao happy hour.

Você chega no horário marcado ou costuma deixar as pessoas esperando? Você sempre está atrasado, dando desculpas? Isso é muito importante, é uma realidade que precisa ser enfrentada. Sabe por quê? Porque, quanto mais você descumpre o combinado, mais essa sua atitude gera descredibilidade externa e interna. Tanto as pessoas quanto **VOCÊ** param de levar a sério o que você diz. Uma das piores coisas que pode acontecer a uma pessoa é **perder a credibilidade com ela mesma**. Se você está nesse grupo, pare agora de dizer sins que você não pode cumprir. É mais honesto dizer um não ou um talvez. Esta, inclusive, é uma ótima forma de ter um tempo a mais para pensar e decidir com calma.

Situe-se. Analise-se. Veja como você tem agido perante seus amigos, clientes, funcionários, parceiros. Eu tinha o péssimo hábito de querer agradar a todo mundo e saía distribuindo sins sem antes refletir se teria condições de arcar com aqueles compromissos. No final, terminava comprometida, sobrecarregada e, obviamente, sem dar conta de realizar o que havia me proposto. Já marquei tanta coisa junta, sem prestar atenção se de fato conseguiria arcar com aqueles compromissos, sempre achando que meu carisma sempre resolveria, que já cheguei ao ápice de faltar o meu próprio aniversário, como você pode ver na foto abaixo!

Agir desse modo deixava as pessoas (inclusive eu!) infelizes, trazendo resultados ruins — é como se estivéssemos sempre tentando acertar, mas sem conseguir. Meu intuito não era o de entristecer alguém, como acredito que também não seja o seu, mas isso acabava acontecendo. Como diz aquele ditado, "de boas intenções o inferno está cheio". No final do dia, **só a sua boa vontade não basta**. As coisas só mudam realmente quando você muda de postura. É por isso que precisamos sair das nossas cabeças — e também das nossas intenções, desejos e sentimentos — e nos instalar no plano prático.

O que realmente está acontecendo? Eu tenho sido uma pessoa leal, honesta, disponível, "ponta firme"? Ou eu só quero ser assim, mas, na prática, tenho sido uma pessoa digna de pena? Sou eu que sirvo as pessoas ou estou sempre sendo servida? Aquilo que recebo eu compartilho ou retenho para mim? O que eu tenho semeado na vida alheia? Tenho distribuído coisas boas ou ruins?

Aproveite este momento e avalie quais são as melhores áreas da sua vida. Veja o que está fazendo certo e replique nas outras áreas. Se alguma parte precisar de ajuste, faça-o imediatamente.

Quando eu ainda não tinha um campo profissional desenvolvido, comecei a observar minhas relações com meus amigos e a pedir que eles me dessem feedbacks de percepções que tinham sobre mim. Normalmente, a gente tem receio de perguntar porque tem medo da resposta. Quando você estiver aberto e pronto para recebê-las, elas virão e serão tão claras como a água. Você saberá o que é e o que não é para você. Suas decisões se tornarão mais firmes. Você criará galhos, mas seu tronco se manterá robusto, e suas raízes, profundas. Essas raízes sempre estarão com você, porque são formadas pelas suas verdades, pelas histórias que você conta e pelas que aceita que contem sobre você.

Ouse olhar para si mesmo com verdade. Anote o que observou. Veja se o que analisou procede. Confirme suas percepções com pessoas mais próximas, em quem você confie. Instale-se na realidade.

CAPÍTULO 4

TESTANDO CAMINHOS

Tá, eu confesso: é muito triste quando acabam com as nossas desculpas. Elas criam barreiras para atingir os nossos verdadeiros objetivos, levando-nos a um lugar de conforto, pois, enquanto elas existirem, não precisaremos fazer nada a respeito, não é verdade? Não. Não é verdade! É necessário acabar com as desculpas.

Desculpas fazem com que estacionemos. Idealizamos sempre um cenário lindo, em que faríamos X, Y e Z se nossas desculpas não existissem, mas a grande verdade é que cenários perfeitos não existem. O problema das desculpas é que elas nos tiram da equação, pois nos fazem terceirizar nossa falta de atitude ao lhes atribuirmos os nossos resultados.

Devemos fazer aquilo que pode ser feito hoje com o que temos hoje. Se você diz que não faz algo por falta de RECURSOS como TEMPO, DINHEIRO ou PESSOAS, sinto lhe informar, mas o que você tem é uma grande e bela desculpa.

(Se você ouve isso das pessoas, fique atento, pois elas também estão lhe dando desculpas, embora possam nem saber).

Dentro desse contexto, também se encaixam aqueles que vivem pedindo desculpas aos outros, mas nunca mudam. Esse pedido gera a impressão de que a questão está resolvida externamente, mas não internamente. Caso ele não venha acompanhado de um exercício interno genuíno, há grande chance de as coisas permanecerem como estão ou de se repetirem.

Temos dificuldade de entrar na porta da realidade por causa da quantidade de desculpas que inventamos, para cobrir o fato de que, na maioria dos casos, o que falta **mesmo** é uma boa dose de vergonha na nossa cara. O sentimento de liberdade, como se não houvesse qualquer prisão física ou mental, é o que queremos ter. Ao mesmo tempo, é aterrorizante perceber que nossas desculpas nos dão um senso de pertencimento e de segurança. Somos todos humanos, afinal.

SEJA TUDO NA VIDA, MENOS A "VÍTIMA" (*PLEASE*!)

A porta das desculpas acaba sempre nos levando a um local muito perigoso: **A CADEIRA DA VÍTIMA**.

O raciocínio é simples. Se alguém sempre tem muitas desculpas, isso significa que as coisas não estão acontecendo por razões alheias à sua vontade, logo ele se torna uma vítima das circunstâncias. Essa vítima costuma fazer tanto barulho que, inevitavelmente, chama a atenção, e todos param para olhá-la. A vítima entra em um processo de canonização e para de se confrontar.

Embora seja meio óbvio, nesse mundo melindroso, é importante destacar que não estou falando de vítimas de crimes nem nada nesse sentido.

O ponto é: se você, por qualquer razão, está se sentindo um coitado ou derrotado, já está errado. Ao invés de entrarmos pela porta das desculpas e sentarmos na cadeira da vítima, é preferível irmos para outra porta.

CAPÍTULO 5

A PORTA DO "É COMIGO MERMO"

Quando enxergamos a realidade como ela se apresenta, temos dois caminhos a escolher, ou melhor, duas portas em que podemos entrar: a porta das desculpas ou a porta do "é comigo *mermo*". Na porta das desculpas, a responsabilidade pelas coisas nunca é nossa. Podemos terceirizar as razões do que nos acontece a outras pessoas, a circunstâncias variadas, aos nossos familiares, ao cosmos, ao universo, a Deus.

Acrescente aqui o culpado pelas suas mazelas: ______________________________.

Não há limites para as desculpas. Você pode escolher aquela que melhor lhe cabe, de acordo com a situação que está vivendo — pode ser a pandemia, a falta de estudos, o tempo, o metabolismo, a solidão, os pais ausentes. Há uma lista infinita! Esses são alguns exemplos, caso você esteja precisando atualizar seu arsenal (contém ironia).

Quem é bom em dar desculpas não costuma ser bom em mais nada. Você vai ficando cada vez mais preso nessa teia de conversa fiada e se perdendo dos verdadeiros problemas. Tudo que acontece conosco tem relação com o nosso interior de alguma forma, é por isso que, oposta à porta das desculpas, está a do "é comigo *mermo*". Este não é só um nome bacana, mas um modo de vivenciar TODAS as situações colocando você mesmo no centro da equação.

Enquanto o vitimismo coloca sempre um terceiro como causa, quem "puxa a responsa" se coloca como vetor de mudança. Isso me lembra daquela frase atribuída a Sigmund Freud, que diz:

"QUAL A SUA RESPONSABILIDADE NA DESORDEM DA QUAL VOCÊ SE QUEIXA?"

Talvez, ao fazermos essa pergunta, vamos nos deparar com causalidades, coisas que são alheias à nossa responsabilidade de forma direta, como uma fatalidade ou uma doença. Ainda assim, vale o exercício: "Eu poderia ter me precavido mais? Alimentado-me melhor? Poderia ter ouvido o Pedro Bial e passado o bendito filtro solar?". Ao nos enxergarmos como causa, e não como consequência, temos a oportunidade de mudar as circunstâncias, ao invés de sermos vítimas delas.

Meu objetivo não é fazê-lo se sentir culpado, mas aferir se há algo que pode ser objetivamente evoluído EM VOCÊ. Se queremos desafios diferentes no futuro, precisamos aprender quanto antes com o que está acontecendo agora. Entrar nos meandros da culpa é voltar para a posição de vítima. Já no lugar da autorresponsabilidade, buscamos novos caminhos, não novos culpados.

Outro ponto que entendo como magnífico é que, ao puxarmos as questões para nós, conseguimos mudar o outro, sem que a mudança parta inicialmente dele. Quantos casais vivem reclamando e se queixando de seus cônjuges, por conta de comportamentos que eles desejavam que fossem diferentes, quando eles próprios não se responsabilizam por essas mudanças?

"Ah, mas eu não tenho nada a ver com isso, isso é problema dele(a)".

Se você é casado, independentemente de qual seja o problema, ele é seu também! Se você ainda namora ou está noivo, ainda dá tempo de correr para as colinas. Se este não é o seu caso, assuma logo a parte que lhe cabe, pois a mudança pode ser mais rápida do que você imagina!

"Ah, mas eu já tentei de tudo e ele(a) não muda."

Se tivesse tentado, teria resolvido. De repente, as coisas já estão se resolvendo, mas você não tem paciência, ou está tentando demais. Não tentar também é uma ação.

<u>Tem gente que é tão chata que o outro não muda por birra.</u>

Não que esse comportamento ou outro semelhante seja um grande sinal de maturidade, mas o fato é que se você sempre puxar a bola para você, inevitavelmente verá algo que pode ou não fazer em prol da mudança de cenário que deseja. Geralmente, a resposta está naquilo que é difícil, naquilo que só de pensar quase embrulha o estômago, tamanho o mal-estar que sentimos por cogitarmos agir de forma contrária ao nosso delicioso conforto.

Vou confessar: eu não gosto de errar. Meu *modus operandi* natural é o de ser extremamente perfeccionista e crítica. Busco sempre fazer as coisas de forma "perfeita", justamente para evitar cometer muitos erros, por não gostar de ficar me retratando, arrumando. Odeio me arrepender. É óbvio que, independentemente do quanto eu me esforce, continuo errando, às vezes, até mesmo por querer acertar demais. Não temos para onde correr. Estamos todos aí no barco dos humanos, completamente falhos.

O problema desse meu comportamento — que tenho lutado ferozmente para mudar — é que acabo tendo dificuldade em reconhecer a frustração do outro, porque, na minha cabeça, *"eu me esforcei para que aquilo não ocorresse"*. Mas, como já disse, SÓ A NOSSA BOA VONTADE NÃO BASTA. Ao gerar um sentimento ruim no outro ou uma circunstância indesejada, cabe a nós validar a dor alheia, entender que nossa comunicação pode não ter sido das melhores, que poderíamos ter agido diferente, MESMO QUE, DURANTE O OCORRIDO, TENHA HAVIDO UM ESFORÇO GENUÍNO PARA EVITAR AQUELE RESULTADO.

Para ilustrar:

- Você sai de manhã para um compromisso e avisa à sua mãe ou ao seu cônjuge que irá demorar. Você encontra um amigo, vai almoçar e, enquanto isso, sua mãe ou seu cônjuge começa a ficar irritada(o) porque você está demorando além daquilo que ELA/ELE esperava.
- Você volta para casa todo feliz, pois viveu momentos ótimos, mas sua mãe/seu cônjuge está possessa(o) porque você demorou horrores.
- Na sua cabeça, você está certo, pois avisou que iria demorar, e se a sua mãe ou seu cônjuge quisesse, poderia ter ligado, mandado mensagem…
- Na cabeça da sua mãe ou do seu cônjuge, não interessa que você falou que demoraria, pois o tempo demorado não foi razoável, e você, igualmente, poderia ter ligado, mandado mensagem…

Considerando que, no caso hipotético, eu fosse a pessoa que demorou, meu comportamento "natural" seria o de descredibilizar a frustração da minha mãe ou do meu cônjuge, ao dizer: *"Ah, se você quisesse, teria ligado. Encontrei com a fulana, e eu também não esperava que fosse demorar tanto. Eu avisei que ia demorar, justamente porque sei que as coisas aqui, em São Paulo, demoram mesmo"*. Como, via de regra, eu sabia que tinha me esforçado para evitar que determinado resultado não ocorresse — ou seja, avisei que ia demorar — e não queria causar sentimentos ruins em ninguém, seria complicado assumir o meu erro e enxergar minha responsabilidade pela desordem que eu, QUERENDO OU NÃO, havia contribuído para gerar.

Note que, ao se comportar da maneira como descrevi acima, a pessoa não entra na porta da autorresponsabilidade, e sim na das desculpas, ao dizer que O OUTRO poderia ter ligado, que em São Paulo as coisas demoram... Observe que ela terceiriza o resultado e dá como completa a sua atitude de ter avisado, não se perguntando, portanto, se poderia ter agido de outro jeito.

Um dos problemas da porta das desculpas é que ela o leva para um cômodo sem saída. Você para de evoluir, de contestar, de gerar novos comportamentos e resultados. De forma diametralmente oposta, a porta do "é comigo *mermo*" permite que você encontre caminhos que jamais teria encontrado se tivesse se limitado a um grande e redondo: "Eu não fiz nada de errado". Pode ser, realmente, que você não tenha feito nada de errado nem tenha querido gerar um mal-entendido, mas, por ação ou omissão, você teve esse resultado. Nesse caso, o que é melhor? Jogar tudo para o outro e se livrar da sua participação ou fazer uma autoanálise e RECONHECER que era possível ter tido uma atitude diferente?

Por mais "certo" que você pareça ou possa estar, quando você se autorresponsabiliza, todo o cenário muda. Acaba-se o cabo de guerra do "eu-estou-certo" e abre-se espaço para as verdadeiras conversas. Você irá observar que, ao "puxar a bola para você" e assumir a sua parte, você abre a porta para que o outro também entre no lugar da autorresponsabilidade. Em 99% das situações, a outra pessoa também baixa a guarda e acaba dizendo: *"É, eu podia ter ligado também..."*.

Fato é que SABER que eu me esforço para que um resultado indesejado não aconteça NEM SEMPRE o evita. Quando ele surge, devo enfrentar a realidade, enxergar as consequências que gerei — independentemente das minhas intenções — e me esforçar para me colocar no lugar do outro; reconhecer meu erro, que eu poderia ajustar o meu comportamento. Preciso entender que nem sempre o meu melhor é o suficiente, mas que, se eu estiver disponível a ouvir, a enxergar o outro e a mudar, os tesouros aparecerão.

CAPÍTULO 6

A CHAVE DO NINGUÉM LHE DEVE NADA

O apego a situações idealizadas, a sentimentos e ao controle de tudo são perda de um bem valiosíssimo: o **tempo**. Acho graça nas pessoas muito apegadas aos bens materiais. Uma enchente, um terremoto ou uma intempérie mais agressiva pode levar tudo o que se pode carregar em questão de segundos. Por isso, não vale a pena ficar achando que alguma coisa aqui é sua… Estamos usufruindo, temporariamente, desta terra que nos foi ofertada, mas agimos como se nos devessem algo. Posso ser bem direta? Nem você, nem ninguém merece nada.

Você está aqui com a missão de deixar o mundo melhor do que quando entrou. Você está aqui para fortalecer seus laços familiares. Você está aqui para promover o maior número de mudanças positivas que conseguir. Você está aqui para ser sal da terra. Você está aqui para **ser** algo. O **ter** é consequência. Algo me diz que, quanto mais você realmente é, menos o ter tem importância, pois ele chega até você sem esforço. A vida não é dar, é trocar. E a você já foi dado o direito de estar aqui, saiba, pois, retribuir.

A infelicidade está diretamente relacionada a faltas de acordo. Se você pensa que a vida lhe deve algo, se determinada situação tinha de ser do seu jeito, se nada nunca está bom o bastante (inclusive você!), se você não aceita que aquela pessoa tem o caminho dela e, feliz ou infelizmente, afastou-se, então você sofre. Sofre e fica "de bico" com a vida, igual a uma criança que leva um não dos pais e faz pirraça, achando que irá conseguir o que quer se chamar bastante atenção, por meio da raiva, da tristeza, de comportamentos abusivos, de estados depressivos etc.

Está na hora de acordar, pois as coisas não irão mudar só porque você está de cara feia. As mamadeiras precisam ser guardadas, já passou da hora! Quando você entende que ninguém lhe deve nada e que você não merece nada, a mágica acontece: você vai ficar bem com qualquer resultado! Você não precisará que nada de especial aconteça. O maior acontecimento já é real: você está vivo, aqui e agora.

Precisamos parar de dar as coisas como certas. Parar de agir como se tivéssemos todo o tempo do mundo. Parar de achar que coisas ruins só acontecem com o vizinho e que estamos imunes ao sofrimento. Podemos não acordar amanhã, podemos sofrer um acidente; quebrar o pé, o braço ou mesmo ter algum órgão amputado. Já vi isso acontecer mais de uma vez, e você? Turia Pitt[1], Michael Schumacher[2], Peng Shuilin[3], Alcides Moreno[4], Darlene Etienne[5] são alguns exemplos importantes que nos lembram da impermanência da vida.

Fato é que, se você está aqui, lendo isto, você está vivo. Se é um milagre divino? Bem provável. Você é um dentre milhões. Você conseguiu, e eu também. Estamos conseguindo. De uma forma ou de outra, estamos caminhando. **Embora envelhecer seja obrigatório, amadurecer é opcional**, e tem muita criança presa em corpo de adulto.

Quando nos conscientizamos de que a vida não nos deve absolutamente nada, mas que NÓS, sim, devemos tudo, esse jogo começa a ser entendido. Ao compreender que nosso papel está em servir, e não em receber (o que acaba ocorrendo como consequência), passamos a encarar a vida sob a perspectiva correta, com reverência e júbilo.

---

1 Turia Pitt é uma modelo que, no ano de 2011, estava fazendo uma ultramaratona e foi vítima de um incêndio durante a prova. Ela teve mais de 65% do seu corpo queimado, além de ter perdido os dedos da mão direita e ter ficado cerca de cinco meses internada. Hoje, é uma grande escritora e palestrante.

2 Michael Schumacher foi um dos maiores pilotos automobilistas que o mundo já viu, tendo sido sete vezes campeão mundial da Fórmula 1. Em dezembro de 2013, já aposentado das pistas, sofreu um acidente de esqui nos alpes franceses, o que o levou a um traumatismo craniano e um edema cerebral. Sua família é extremamente reservada sobre o caso, mas é sabido que, mesmo 10 anos após o acidente, o ex-atleta não consegue falar ou se comunicar.

3 O chinês Peng Shuilin foi atropelado por um caminhão de carga na cidade de Shenzhen e acabou cortado ao meio, literalmente. Ele perdeu toda a metade de baixo do corpo, inclusive a pélvis. Passou por dezenas de cirurgias e sobreviveu.

4 Alcides Moreno era um limpador de janelas que sobreviveu a uma queda de 47 andares.

5 Darlene Etienne sobreviveu durante 15 dias embaixo dos escombros do terremoto que devastou o Haiti em 2010.

Vivemos em um mundo permeado de frases de efeito, e você deve tomar cuidado com aquelas as quais se apega. Algumas têm o poder de trazer paz e sabedoria, outras criam crenças limitantes e nos colocam em padrões que podem levar ao sofrimento. Talvez, você já tenha ouvido em algum lugar que as pessoas lhe devem algo. Em virtude do seu sexo, cor ou predileções, quem sabe você acreditou que existe um débito — até histórico — de seus familiares, de um povo ou de uma nação com você, mas, ainda que isso seja verdade, vale a pena ficar nessa expectativa ao invés de criar seu próprio caminho? A energia que se gasta tentando reaver algo que lhe foi "devido" pode ser direcionada para a conquista de novos recursos. Penso que é melhor focar em conseguir mais do que em cobrar quem me deve.

Cuidado com as histórias que ouve, pois elas costumam ser contadas do ponto de vista do narrador. A história do mundo cruza o tempo todo a sua vida, e o que você recebe do mundo costuma ser a percepção que você tem dele. Você está, frequentemente, reafirmando uma história interna para si mesmo; se ela for de derrota, tristeza e vitimismo, é bem provável que você continue encontrando isso por onde andar.

A quantidade de ligações e conexões que nosso cérebro faz a todo instante é inimaginável. Seria impossível para ele absorver, de uma só vez, todas as informações que nos são apresentadas, por isso pensamos de forma condensada. Tal como em um *big data*, nosso cérebro vai filtrando as cenas mais comuns, aquelas que se repetem. Parece que, quanto pior está, pior fica, até que você passe a adquirir novas experiências e aprendizados, reformule essas ligações e passe a pensar de forma diferente.

É direito seu espernear por ter nascido sem pedir, por não ter escolhido a vida que tem, por seus pais serem isso e aquilo, por pessoas e acontecimentos terem deixado marcas negativas na sua trajetória. Mas quero lembrar-lhe o seguinte: as coisas têm o peso e a importância que escolhemos dar a elas. Se você tem consciência de que cada um está fazendo o melhor que pode e que o melhor de cada um nem sempre é capaz de nutrir todas as suas necessidades, o mais lógico a se fazer é trabalhar melhor essas necessidades, ver o que se está buscando no outro, o que o está incomodando. O olhar é seu, você decide como enxergar cada questão.

É bem possível que, no início, você tenha que "fingir" algo até que esse algo se torne uma verdade para você. Você pode, racionalmente, trazer um olhar positivo para as coisas. Você pode escolher enxergar o mundo por um prisma melhor, mesmo que você ainda não "sinta" dessa forma. Se há no seu coração a vontade de fazer isso, algum avanço já está sendo feito.

A MATURIDADE ESTÁ EM FAZER O QUE PRECISA SER FEITO, NÃO NECESSARIAMENTE AQUILO QUE SE TEM VONTADE

Só porque agora usamos roupas e celulares não significa que deixamos de ser animais. No fundo, continuamos agindo por nossa sobrevivência. Mas não precisa ser assim. Podemos redirecionar alguns de nossos instintos ancestrais em prol de nós mesmos, labutando por uma melhoria pessoal e, com isso, contribuirmos para o coletivo. Dessa forma, seremos capazes de construir relações mais saudáveis e parar de ficar esperando que os outros nos atendam. Devemos colocar nossa energia naquilo que conseguimos mudar, e não naquilo que está fora do nosso alcance ou controle.

Viva como se **NINGUÉM LHE DEVESSE NADA,** *mas como se você devesse tudo para todo mundo.*

Essa é uma grande chave que o permite entrar em lugares mais elevados.

Quando a gente cresce, deixa de caber em roupas e também em certas situações. O que está do lado de fora pode até parecer um caos, mas você pode estar cada vez mais firme para enfrentar o que vier, sabendo quem você é e entendendo o papel de cada pessoa na sua vida e no seu crescimento.

No começo, é assim: você vai parecer falso para si mesmo se não tiver unido todos os pedaços da confiança plena. Confiança plena é quando você faz a sua parte de forma integral e confia plenamente que vai acontecer o melhor para todos os envolvidos. Não estamos sozinhos nessa jornada. Um contrato muda a vida de uma empresa. Um filho muda a vida de uma família. Quando nosso coração nos diz que o que fizemos resultou em melhorias para o todo, diminuímos a pressão dos acontecimentos. E, geralmente, rola de o universo nos retribuir por isso.

A soma da energia coletiva a que todos estamos expostos é crucial. Nós escolhemos qual lado alimentar, qual frente defender; com quem nos casar ou dividir uma casa e *otras cositas más.* Ao final, o que fica é a somatória dos acontecimentos, de como vivemos; das relações que desenvolvemos, de como as enxergamos. Estamos aqui, justamente, para organizar esses relacionamentos. Para, como naquele joguinho chamado Tetris, buscarmos sempre um encaixe, por mais diferentes que sejamos.

Repita comigo: **tudo é um presente!**

Não importa como vem embrulhado, você terá de lidar com o que está na sua frente agora. A forma como você vai vivenciar este presente, o tipo de energia que irá jogar nele é o que vai ditar como você se sentirá (para o bem ou para o mal).

Se você grita com seu filho, fala que seu chefe é um animal, reclama que seu marido é um imprestável..., que tipo de energia está liberando nessas relações? Você está contribuindo de forma positiva ou negativa com seu dia a dia, com outras pessoas e situações? A circunstância ou o indivíduo que se apresenta pode ser o mais negativo do mundo, mas se você estiver armado com o bem, anulará o mal. Se deixar o negativo dominá-lo, seu positivo desaparecerá.

Quanto mais tempo você passa em uma situação negativa, maior é o poder que ela exerce sobre você, principalmente, porque o afasta de outras convivências, que podem ser fonte de positividade. Afinal, quanto mais você vive uma realidade, mais ela faz sentido para você, certo? Fica, então, uma boa dica: assim como em qualquer batalha, aprenda a hora de se retirar quando a situação pedir.

Embora uma outra pessoa envolvida possa fazer algo a respeito, ela provavelmente está aprisionada a uma rede de traumas, ego e dores. Se você agir pensando que ela não lhe deve nada, mas que você lhe deve tudo, isso significa que você entendeu o jogo dos relacionamentos. Nele, não vence quem está certo, mas quem é humilde. Em uma primeira leitura, isso pode parecer inviável, mas eu lhe garanto que, se você caminhar procurando amar todas as pessoas, inclusive — e principalmente — aquelas que lhe fizeram mal, sua vida mudará por completo. Não há nenhum mérito em amar quem gosta da gente. O desafio é justamente amar quem nós não gostamos. Amar e gostar são coisas diferentes.

Para isso, o respeito deve fazer parte da base. Se respeitamos a história do outro, o que ele fez para chegar até ali, o julgamento desaparece. Só a própria pessoa sabe o que viveu e o que sentiu. E, como nós não sabemos, não devemos julgar. Por outro lado, eu tenho certeza de uma coisa: nós somos viciados em amor. Amor é um sentimento que justifica tudo. Ou quase tudo. Todo poder, status, dinheiro etc., pode significar unicamente uma forma de se obter amor, pois a sociedade se desenvolveu e se construiu de forma a validar e valorizar esse tipo de conquista. Temos o hábito de olhar apenas o resultado, sem saber como foi o processo, a vida que a pessoa levou para chegar até lá. É preciso, primeiro, criar um lugar de amor dentro de você, pois ninguém pode dar aquilo que não tem. Só depois disso, deve-se tomar atitudes e escolher palavras acessando essa fonte de amor. Tenho certeza de que, em algum momento da vida, você já teve uma relação bacana com alguém. Então, você sabe como é o sentimento de se importar e olhar para o outro, então **aplique-o**. **Escolha ser feliz ao invés de ter razão**.

Tudo isso pode acontecer sem que você espere nada em troca. Não precisa acontecer nada especial para você começar a ser desse jeito. Sempre que embarcar em um sentimento mais negativo, você pode voltar a pensar de forma positiva e retomar atitudes que representem a sua forma boa de pensar. Não se trata de perder sua personalidade. Trata-se de se colocar no modo *on* e tentar melhorar as relações problemáticas. É dar o primeiro passo, puxar a conversa, fazer a ligação, mandar o e-mail, resolver o que está agarrado.

Uma pessoa é generosa porque pratica atos generosos. Alguém é pontual porque sempre chega no horário. Um advogado se comporta como advogado, um médico como médico, e assim por diante. Tudo isso são representações, arquétipos que vamos criando em nossa mente, pautados em nossos comportamentos, aliados com a sociedade em que vivemos. O pensamento determinista diz que, se você nasceu em tal lugar, terá mais chances de ser de tal forma. Porém perceba: você não está preso a isso e nem precisa ficar, porque todos nós estamos em transição. Você é bonito hoje, pode continuar bonito amanhã, mas nada disso é 100% garantido. Novos padrões são criados o tempo todo, e o que é considerado bonito hoje e amanhã pode deixar de ser depois de amanhã *(eu, por exemplo, sou maravilhosa pelo padrão de beleza renascentista! haha).*

Já que estamos falando de padrão, você deve sempre escolher o que o eleva. Se um padrão lhe traz mais coisas negativas do que positivas, ele o diminui. Sempre que pensar ou observar que um determinado padrão pode ser positivo para você, use-o. Se você sabe que se sente melhor quando vai à academia, escolha o padrão de ir, por exemplo.

RESSIGNIFIQUE!

Se, ao mandar uma mensagem, você desconfia que o destinatário vai achá-lo inferior por se manter tomando a iniciativa, escolha um novo padrão. Pense que as pessoas que mostram os sentimentos são, na verdade, mais fortes, pois têm coragem de assumir suas vulnerabilidades. Com o treino do olhar e a prática, os gatilhos vão mudando. Você passa a entender como cai em determinados padrões e, com isso, consegue corrigir a tempo o curso dos acontecimentos. *(Eu tenho muita preguiça da palavra "gatilho", mas tem horas que ela realmente expressa melhor o que queremos dizer!)* Para tanto, é preciso estarmos conscientes. Quando estamos de bobeira, ruminando, mascando chiclete, olhando o celular, quase babando vendo televisão, estamos no piloto automático e somos presas fáceis para as energias do ambiente, pois não estamos centrados no nosso eu.

CAPÍTULO 7

NO CORREDOR DO APRENDIZADO

Nesse caminho de busca, na maioria das vezes, você se sentirá sozinho. Possivelmente, também será julgado. Pode ser que sugiram que você tenha usado alguma "planta do poder" ou um chá *mucho loco*, porque agora está com uns papos meio viajados. Talvez, você até tenha mesmo feito isso, mas o fato é que evoluir, independentemente das condições, é mesmo louco demais. Você passa a aceitar coisas que a maioria não aceita e a confiar em coisas que ninguém vê. Passa a lidar com as situações de uma forma que a maioria acha burrice.

Acham que você se tornou muito mole. "A vida não é assim", repetem alto e em coro, afinal são maioria, mas não são parâmetro. A maior parte dos que dizem essas coisas tem como única fonte de informação a televisão e passa cerca de 9 anos de vida assistindo a telas. 95% morrem sem achar seu propósito. Enquanto essas pessoas não encararem a busca pela evolução, para poder desfrutar uma vida de abundância e prosperidade, o mundo não conseguirá ser próspero.

Prosperidade, embora possa ser também financeira, não se resume a dinheiro. Ser próspero é viver bem, com plenitude; em paz consigo mesmo, com as pessoas ao seu redor e com o meio, com a comunidade. Esse deve ser o nosso objetivo primário. Você consegue pensar em alguém que seja próspero, mas que não esteja em paz consigo? Ricas eu conheço inúmeras, agora prósperas...

Pessoas negativas são pesadas para si e para o mundo. Converse com alguém assim e observe como você fica depois. Trabalhe em um local recheado de pessoas pesadas, que vivem falando mal do lugar onde estão, mas que nunca saem de lá, e note se daqui a pouco você não estará igualzinho a elas. Se você quer viver algo diferente, essa mudança precisa partir de você.

Falo por experiência própria. Quando me mudei para São Paulo, em 2012, fui trabalhar em um escritório grande, muito conceituado. Cheguei lá bastante contente, amando toda a experiência, as novidades e os aprendizados. Pulei de cabeça e dei o meu melhor! Eu me mantinha sorridente e disposta, mas o meu redor parecia o muro das lamentações. Todos estavam sempre cansados, sofridos e sobrecarregados. Nada nunca estava bom. Nenhuma iniciativa do escritório servia, todos os chefes eram péssimos e estar feliz era quase um insulto. Se você não estivesse parecendo um morto vivo, provavelmente não estava trabalhando direito.

Aos poucos, fui me tornando uma mulher reclamona, cansada, gorda e salvadora da pátria. Queria ser um mártir, invencível, sempre disponível, funcionária do ano. Estava cada vez mais pesada, arrastando-me. Aos sábados e domingos, eu precisava sumir de mim mesma para conseguir aguentar novamente o tranco da semana. Parecia um zumbi, sem propósito de nada, à deriva, esperando que alguém visse o quanto eu era esforçada, o quanto eu "valia". Queria que alguém me resgatasse de mim mesma, das minhas mazelas emocionais, dos meus maus hábitos, da minha falta de disciplina e comprometimento comigo mesma, com meus objetivos.

Nunca ninguém apareceu. Aliás, quando comecei a entender que eu precisava fazer algo a respeito de mim mesma e que a liderança que eu esperava devia partir de mim, mais pessoas se levantaram contra do que a meu favor.

ALGUMAS PESSOAS QUEREM QUE VOCÊ ESTEJA BEM, MAS NUNCA MELHOR QUE ELAS.

Mesmo que você tenha entrado nessa *vibe* junto com amigos com os quais pode compartilhar pensamentos e sentimentos, existe todo o restante do mundo, **e sua vida é um *game* de um *player* só**. Muitos — incluindo seus próprios familiares — costumam remar contra você, o que poderá o frustrar (caso você seja exceção à regra, já pode agradecer agora). O principal é não levar para o lado pessoal. Cada um tem seu próprio tempo e processo.

A melhor forma de mostrar sua mudança é por meio do exemplo. Não tente forçar a barra, tampouco jogue pérolas aos porcos. Isso é desperdício de energia. Fale apenas para aqueles que verdadeiramente quiserem ouvir. Siga o velho ditado espiritual: "Quando o aprendiz está pronto, o mestre aparece". Com o tempo, os resultados da nossa caminhada evolutiva se tornam visíveis e começam a despertar o interesse alheio. Os que nos cercam notam que não somos os mesmos de antes e querem saber o que andamos fazendo. Nossa própria mudança possibilita que outras pessoas comecem, também, a se transformar. Essa é a melhor forma de mudar para melhor o que está ao nosso redor.

Este exemplo do avião é clichê, mas funciona: em casos de despressurização, primeiro você deve colocar a sua máscara, depois, ajudar o outro. Não é egoísmo, é questão de inteligência. E de sobrevivência.

Nesse processo, também entendi que era necessário que eu fosse mais gentil comigo mesma, assim como é importante que você seja consigo. Se você já soubesse como ser da forma como gostaria — menos ansioso, mais disciplinado, mais útil e autorresponsável, com uma linguagem melhor e menos pensamentos ruins —, provavelmente, já seria. Lembre-se que o "saber" só vale se for aplicado. Teoria sem aplicação vale dois reais. Quem tem apenas a teoria não tem nada.

Somente quando você vai para o campo de batalha é que conhece as verdadeiras lutas. Então, seja gentil consigo, pois você está aprendendo, tentando, esforçando-se para acertar. Imagine se uma criança que está aprendendo a andar fosse xingada a cada tombo que leva? Você pode ser extremamente bem-sucedido na sua profissão, mas ser uma criança emocionalmente. Então, vá com calma. Respeite-se. Você passou a vida toda agindo de uma forma, pensando de um jeito, autoflagelando-se, então mudar demanda tanto o trabalho de destruir coisas que não funcionam, como o de construir novas e melhores no lugar.

Isso também não quer dizer que você possa simplesmente não se esforçar. Aliás, poder é claro que você pode, mas, se deseja resultados diferentes, deverá atuar de forma diferente. Para alguns poucos, será preciso até se esforçar menos. Ao centrar-se na sua essência, você começará a se lembrar por que está no mundo, por que faz determinadas coisas, e, por meio de suas experiências, começará também a ver os fatos sob novos ângulos e a gostar de ter novos desafios.

Este é um grande ensinamento: se você tomou consciência de que não fez o que deveria ou de que não agiu direito, faça diferente da próxima vez. Se você já sabe que passa mal quando come comida de avião, leve seu próprio alimento na próxima viagem. Se passou frio quando foi à palestra, leve um casaco na próxima. Não fique refém das condições adversas. Crie suas próprias condições.

Se alguém suga as suas energias e não agrega nada em sua vida, não se deixe envolver nessa *vibe* negativa, apenas faça a sua parte no que for melhor para ele (às vezes, esse melhor é você se afastar. Mesmo que, no futuro, vocês voltem a se encontrar para aparar qualquer aresta, você estará consciente de que fez o seu melhor).

Se você nunca é ativo ou proativo, seu desafio é começar a ser. Isso pode causar um certo mal-estar, por ser uma situação nova e desconfortável, mas vai desbloquear um monte de coisas maravilhosas que estão esperando por você.

Existem, ainda, aqueles que precisam apenas desacelerar um pouco. São muito fazedores. Atropelam, passam por cima dos outros, estão sempre tão, mas tão ocupados, que se esquecem de si mesmos. Se você não gosta de comer, seu desafio é comer. Se come errado, então tem que comer certo. Para mudar sua vida, você precisa atacar tudo aquilo que não lhe faz bem. Para isso, não tenha medo de enfrentar os "desafios nossos de cada dia".

Agora, se você é naturalmente bom em algo, é sua obrigação (obrigação divina, eu diria!) compartilhar, transmitir e ensinar as pessoas a serem boas como você. Uns têm mais talento para as artes, outros são mais físicos, ou mais racionais, o que importa é que somos diferentes uns dos outros, por isso podemos nos ajudar mutuamente.

SEJA GENTIL COM VOCÊ, MAS NÃO SEJA ACOMODADO

O que você soube e aplicou até hoje o trouxe até aqui. Mas é o que você está aprendendo e irá aplicar a partir de agora que irá levá-lo a um lugar novo no futuro. Se você se importa com o que o seu "eu do futuro" irá passar, eu o oriento fortemente a começar, o quanto antes, a organizar a sua vida em todos os aspectos: espiritual, mental, físico, profissional, financeiro, emocional, familiar. Lembre-se: **você é o seu maior ativo**.

No começo de qualquer mudança, você precisará enfrentar obstáculos por causa da falta de prática. Com o tempo e a repetição, a coisa começa a se tornar natural. Se você é ou já foi fumante, sabe do que estou falando. Se gosta de beber, também. Ou vai me dizer que você não engasgou no primeiro trago, ou que não achou aquele primeiro gole de cerveja meio amargo? Se tem uma coisa que eu aprendi é que a gente consegue aprender a gostar das coisas. Lembro-me dos primeiros adoçantes — terríveis — e de quando parei de tomá-los — mais terrível ainda. No início, a gente briga, chora, grita, esperneia. Mas, com o tempo, a habilidade, que até então era forçada, torna-se natural. Assim, é internalizada e passa a ser inconsciente, bem como dirigir, escovar os dentes. Já sabemos o que fazer e o fazemos de forma automática, sem pensar.

Dito isso, é importante mencionar que todo aprendizado é composto de quatro fases principais:

- **Na fase 1, você não tem o conhecimento nem a habilidade.**
- **Na fase 2, você tem o conhecimento, mas falta a habilidade.**
- **Na fase 3, você desenvolve a habilidade de forma consciente.**
- **Na fase 4, a habilidade já se torna inconsciente, e você faz as coisas de forma automática. É neste ponto que queremos chegar.**

O MODO COMO CADA UM PASSA POR ESSAS FASES É DIFERENTE.

Embora possamos mapear os processos que nos levam à saída, as pessoas são diferentes e funcionam de formas distintas, logo o modo como elas precisam interpretar as mudanças que desejam é divergente. Tem gente que se pressiona demais, outros são muito permissivos. Tem gente que funciona com desafios, outros travam diante deles. Assim, para que uma transformação seja duradoura, você precisa entender como é o **seu** funcionamento interno, a fim de utilizá-lo a seu favor.

Por intermédio de estudos, hoje podemos identificar alguns dos principais padrões de personalidade e ter mais subsídios para entender como funcionamos. Uma dessas formas pode ser o teste de Myers Briggs, das 16 personalidades[1]. Eu, por exemplo, sou do grupo dos Analistas, cujo perfil se chama "O LÓGICO". Minhas decisões, portanto, são tomadas sempre baseadas na lógica. Tenho um padrão de comportamento muito mais **racional** do que **emocional**, de modo que decido as coisas MENTALMENTE e as aplico, independentemente daquilo que estou sentindo. Na prática, isso significa que consigo fazer coisas que vão completamente contra a minha vontade do momento, porque entendo, logicamente, que elas irão me levar a um lugar melhor. Esse é o meu padrão. Por isso, para que eu realize uma mudança de comportamento, preciso avaliar o que irei ganhar com aquilo, colocar na balança e me direcionar em prol das recompensas que esse destino irá me trazer.

Este livro, por exemplo, é fruto do meu padrão de funcionamento, pois fui testando e abrindo diversas portas e vendo, LOGICAMENTE, o que fazia sentido, o que me levava para

---

1 Fonte: https://www.16personalities.com/br/teste-de-personalidade.

lugares de luz e o que me direcionava às trevas. Na tentativa e no erro e na observação de amigos, colegas e afins, fui identificando que havia certos padrões repetitivos em lugares emocionais ruins, e outros em lugares emocionais desejáveis e de prosperidade.

Meu esposo é do grupo dos Diplomatas, cujo perfil é o do "MEDIADOR". Diferentemente do perfil Lógico, o mediador não se move por punições ou recompensas, não importando se aquilo que faz gera algo de bom ou de ruim como resultado. Por ter o sentimento como critério decisório mais preponderante, a tomada de decisão dele é baseada na "mais pura intenção do coração". Deste modo, para que haja uma transformação comportamental em quem tem esse perfil, não basta que você apresente razões lógicas ou recompensas derivadas de uma nova forma de agir. Será preciso, primeiro, convencer o coração da pessoa e ressignificar o processo, encarando-o como algo prazeroso, divertido e leve. Digo tudo isso para que fique claro que, embora possamos passar pelos mesmos corredores de aprendizados, a forma como cada um os encara é diferente.

Eu decidi enxergar tudo como um jogo. A cada fase que venço, subo novos degraus que me levam a lugares mais altos, onde consigo enxergar melhor. E, para jogar melhor, é preciso estar consciente de que, embora eu participe dele, as regras não são minhas. Aliás, é isso que as ciências vêm tentando fazer ao longo dos anos: **decifrar o jogo**.

Todas as ciências se integram e existem para tentar interpretar a vida, cada qual sob seu prisma. As leis da física, os estudos psicológicos e as bases espirituais têm o mesmo objetivo: analisar e traduzir em padrões e palavras o que pode acontecer (se você derrubar uma coisa, ela vai cair), como o indivíduo se comporta (psicopata, depressivo, agressivo etc.) ou o que é certo e o que é errado (moral, leis, religiões). As ciências objetivas buscam os "quês", enquanto as subjetivas buscam os "porquês".

Agora, com todo o acesso à informação que temos, podemos procurar referências de quaisquer áreas. Podemos aprender tanto com as matérias quanto com os indivíduos. Podemos ver como pensa a Monja Coen, como Tony Robbins reage às diversidades, como Warren Buffet acumulou sua fortuna, como Steve Jobs encarava o trabalho e como Jorge Paulo Lemann pensa, executa e vive os seus grandes sonhos. Temos, hoje, a oportunidade de buscar conselhos e ter referências de pessoas incríveis, algo que era completamente inacessível antes.

Em minha vida, houve vários pontos de mudança. Um deles foi no sentido de parar de esperar pelas pessoas, seguir os outros e buscar respostas nos meus chefes e líderes. Eu comecei a ir atrás das minhas próprias respostas e decidi que iria criar um tipo de liderança que fizesse sentido para mim. Foi necessário criar coisas novas e destruir outras, o que provavelmente continuará ocorrendo até eu morrer. <u>O objetivo disso tudo?</u> Sentir que eu tenho alguma ingerência sob a forma como me comporto e me relaciono com a vida. Para encontrar esses referenciais, estudei e analisei diversos perfis influentes, como Jesus, Buda, Oprah, Monja Coen, Leandro Karnal, Padre Fábio de Melo, Gandhi, Martin Luther King, Steve Jobs, Bill Gates, Jordan Peterson, Tony Robbins, Pastor Anderson Silva, Lana Pessoa etc.

À exceção de Jesus, que, sendo Deus, veio em carne, eu aprendo com essas pessoas na medida em que aquilo não me consome ou não vai contra os meus valores. Também busco tomá-las como exemplos nas áreas em que são bem-sucedidas. Steve Jobs foi um excelente criador, visionário, mas não tenho bons referenciais dele enquanto pai de família, por exemplo. Logo, vou tirar aprendizados e lições da área profissional, não da pessoal. Não é porque uma pessoa tem sucesso em uma área que ela terá em todas. Aliás, a tendência é que, quanto mais alguém seja desenvolvido em uma área, mais obsessivo por ela se torne, produzindo um desequilíbrio nas demais. Para tudo existe um preço. Temos que decidir aquele que queremos pagar, baseados no possível resultado que alcançaremos, pois não há garantias. O processo, o caminho e a jornada é que contam no final do dia.

A opinião das pessoas ao nosso redor também é importante e deve ser considerada, assim como outras fontes de pesquisa — desde que você avalie qual o grau de interesse daquela opinião, bem como se a pessoa a quem você está pedindo conselho já teve os resultados que você quer ter naquela área. Veja as portas que outros têm aberto e as chaves que têm usado, para que você não precise testar todas elas.

Eu, por exemplo, não posso ensinar você a ganhar um bilhão, porque isso não é algo que eu tenha realizado. No entanto, por meio do meu exemplo pessoal e profissional, posso guiá-lo por um caminho de satisfação plena com seus resultados profissionais e pessoais. Eu saí de um estado depressivo, de sobrevivência, para um estado de realização integral com a vida que levo. Tenho imensa gratidão por ter sido convocada pela Criação para espalhar a mensagem de que é possível termos uma experiência de plenitude ainda em vida.

APRENDA COM O PERCURSO DOS OUTROS

No final do dia, **todo mundo tem algo a nos acrescentar, mesmo que seja um exemplo a não ser seguido**. A vida é multidimensional, por isso a perspectiva pela qual olhamos algo ou alguém é importantíssima. Precisamos ouvir, respeitar e reunir todas as visões e pontos de vista que nos forem apresentados com um único objetivo: montar nossa própria visão. Isso não significa que cabe a nós fazer qualquer juízo de valor sobre a vida das pessoas. Os outros são os outros. Embora sejam "outros", são necessários na nossa caminhada.

Ainda que passemos por todas as nossas batalhas internas sozinhos, só existimos porque existem os outros. Sozinhos, perecemos. Precisamos de apoio para reinterpretar, olhar de fora, partilhar. Enquanto o caminho solitário é rápido, o caminho junto precisa de mais tempo para se desenvolver, porém, é muito mais rico em possibilidades, experiências e aprendizados. Somos vistos, interpretados e rotulados conforme nos portamos nesses relacionamos: mão-aberta, mesquinho, doador, egoísta, amigo, blá-blá-blá... Acabamos colocando as pessoas e nós mesmos em caixas, tirando a oportunidade alheia — e até pessoal — de sermos diferentes daquilo que já predefinimos. Portanto, permita-se enxergar o outro por um novo viés e deixe que as expectativas dos outros sobre você também sejam quebradas. Você não está fadado a ser o mesmo para o resto da vida.

A MENSAGEM É MAIS IMPORTANTE QUE O MENSAGEIRO

Só porque uma pessoa errou com você, isso não significa que seja impossível aprender algo com ela, nem que você também não cometa erros tão ruins como aqueles que alega sofrer. Procure avaliar mais os acontecimentos do que as pessoas. Fale sobre seus sentimentos e evite ao máximo acusar e usar tons de voz rudes! Eu posso lhe dar um diamante, mas se eu jogá-lo na sua cara, irá doer. Experimente falar: "Fulano, o fato de você me deixar esperando sem uma mensagem me deixa aflita, pois me dá a sensação de descaso de sua parte, como aconteceu hoje", no lugar de gritar: "Você sempre me faz de palhaça e me deixa esperando". É muito comum que haja percepções completamente diferentes sobre um mesmo acontecimento. Busque usar palavras que deem o sentido correto e positivo que você deseja expressar. Faça o possível para entender o mundo, o histórico, a linguagem do outro. Você é você, o outro é outrem (em "juridiquês"! *rs*).

Crescer com o seu próximo é, antes de tudo, dar um salto de fé. Nem sempre conseguiremos precisar por que escolhemos estar ao lado de uma pessoa ou por que, necessariamente, temos de conviver com ela. Então, dê o seu melhor sempre. Tente ser a melhor pessoa que puder para o outro, faça o possível para incluí-lo. Aja como gostaria que agissem com você. Retenha aquilo que for bom de todas as relações que tiver. O resto? Descarte. Diante de qualquer situação, faça-se a pergunta: qual oportunidade de aprendizado essa experiência está me trazendo? Anote, olhe para você, olhe para a sua vida. Mas não fique muito tempo velando o defunto, *ok*? Todo aprendizado, descoberta e autoconhecimento só tem função quando acompanhado de ação. Ficar enchendo a cabeça só de teoria é de enlouquecer! Por isso, sejamos sãos e coloquemos em prática todas as ferramentas que estamos adquirindo.

O próximo estágio da fruta que está madura é apodrecer, por isso **esteja sempre verde**, pronto para amadurecer e com novos frutos para dar. Você lê um monte de coisas, aprende um monte de teoria e depois não sabe como aplicá-las. Até acredita que pode realizar, mas não consegue enxergar direito a estrada por onde caminhar. Para isso, existem pessoas e ferramentas que já abriram o caminho antes e que podem ser bem úteis na transmissão do conhecimento e da vivência desse aprendizado. Se eu gosto da forma como alguém faz determinada coisa, já trato logo de pegar essa forma emprestada. Assim, quando eu estiver diante de uma situação semelhante, posso pensar: "Como fulano agiria aqui?". Se tenho problemas de relacionamento com meu pai, mas meu irmão se dá superbém com ele, o que posso aprender observando a relação dos dois?

Lembre-se: você sempre está "alguma coisa", e nada impede que, logo mais, você esteja outra. Por isso, não supervalorize nem dê tanto peso e importância às coisas da vida. Estamos o tempo todo tentando.

As pessoas sempre o verão da forma como você se apresentar. O que trazemos quando conhecemos o outro são narrativas. Como se apresentar ao outro senão através de si próprio? Em uma reunião, entrevista ou em um relacionamento, a gente sempre chega com uma história, com um resumo. Todos estão contando os seus relatos por meio dos resultados das suas experiências e de como decidiram contar. Apenas com o tempo é que conseguimos ver se tudo aquilo se sustenta. Considerando que o futuro ainda está em aberto, nada impede que você se torne quem almeja ser.

Cada ser neste mundo carrega consigo suas histórias, o que nos possibilita sentir o "peso da carga" de cada um, o tamanho do fardo que alguém leva nas costas e na alma. Pessoas leves são as que parecem mais jovens e mais livres — creio que é porque não supervalorizam nem dão tanto peso e importância aos acontecimentos.

Eu já fui muito pesada, porque carregava o tempo todo uma mochila cheia de culpas e frustrações. Além disso, eu olhava para a vida com o prisma daquilo que me faltava. Foi preciso treino para que eu começasse a encarar cada passo da caminhada com gratidão pelo simples fato de ter a possibilidade de dá-lo. Entendi que, independentemente do que eu esteja vivendo, estou viva aqui e agora. Isso é tudo que sei, isso é o que você sabe enquanto está lendo este livro. Você está vivo. E não tem o tempo todo, pois ele está passando, mas é o suficiente. Você já tem tudo de que precisa. Já está tudo aí; se abrir os olhos, verá.

O grande exercício está em voltar a ser quem você era quando o mundo ainda não tinha colocado o peso dele sobre você. Não aceite nada menos do que uma vida interior excelente.

Busque incansavelmente até encontrar. Se está vivo, ainda há chance. Quando chegamos a esse lugar, nossa luz se acende e podemos acender a dos outros. O interessante é que, como em uma vela, a nossa chama não se apaga, ela se mantém! Passamos a enxergar melhor quando a do outro também se ilumina.

APLICAR TUDO ISSO NÃO É FÁCIL, REQUER TREINO, MAS É COMPLETAMENTE POSSÍVEL

Precisamos estar atentos para enxergar os detalhes em nós, para enxergar nossos padrões. É desafiador aprender um novo comportamento, simplesmente porque já o fazemos no automático. Não estamos atentos para perceber as nuances, os motivos que nos levam a agir de uma forma ou de outra. Quando se trata de estar consciente para perceber as sutilezas de nossa mente, nossa comunicação e nossos padrões de comportamento, é ainda mais complicado, porque qualquer coisa, QUALQUER COISA, a qualquer momento, pode nos roubar a atenção. Para isso, há uma chave muito importante. Você se arrisca a dizer qual?

CAPÍTULO 8

A CHAVE DA PRESENÇA

Mais do que estarmos conscientes a respeito de algo, é preciso que estejamos presentes, ou seja, INTEIROS para aquilo que está acontecendo. A chave da presença abre todas as portas apresentadas até então, pois ela nos permite viver verdadeiramente os processos que se apresentam, sem subterfúgios. Para que você receba essa chave, precisa tomar algumas atitudes, pois elas influenciarão todo o restante da caminhada. Lembre-se de que somos seres complexos. Embora sejamos feitos de várias "partes", estas sozinhas não sobrevivem nem prosperam.

Se você não está inteiro em uma situação, não está consciente, e vice-versa. Essas chavinhas ficam juntas, no mesmo molho. Para que você pare de ser um zumbi contemporâneo, ou um macaco que fica pulando de galho em galho sem o mínimo de foco, você precisa, <u>IMEDIATAMENTE</u>, parar de querer fazer tudo ao mesmo tempo. <u>Nós temos um único processador mental</u>: o cérebro. Logo, se você está fazendo mais de uma coisa ao mesmo tempo, uma delas — ou todas elas! — está sendo feita meia-boca.

Vivemos em um momento de bombardeio de informações. Hoje, uma criança de sete anos já foi exposta a um maior número de informações do que um Imperador Romano! Enquanto, antigamente, a informação era restrita a poucos, porque era, inclusive, utilizada como meio de controle e dominação, hoje o que não falta é acesso a todo tipo de conhecimento. Da hora em que acordamos até a hora que vamos dormir, somos atacados pelas mais diversas notificações e pelos mais variados estímulos. **Preste atenção neles**.

Ficamos o tempo todo mudando de um aplicativo para o outro (*Instagram*, *WhatsApp*, e-mail etc.), ou vendo quem curtiu ou comentou, porque tudo isso nos gera satisfações. Cada novo estímulo libera dopamina em nosso corpo; se não nos policiarmos, acabaremos viciados nesses ciclos de prazeres efêmeros, que, no final do dia, presenteiam-nos com uma bela ansiedade. De acordo com David Greenfield[1], esses receptores de dopamina são exatamente os mesmos que liberam prazer pela comida, drogas, sexo e álcool. Seja bem-vindo de volta ao redemoinho do falso prazer... Precisamos estar atentos para não nos perdermos nesses ciclos ruins. Nossa luta, hoje, não é mais pelo controle da informação, mas pelo controle da nossa **ATENÇÃO**. Se não estivermos atentos a esses movimentos, seremos jogados de um lado para o outro, atendendo a todos

1 Disponível em: https://canaltech.com.br/comportamento/a-ciencia-da-distracao-como-o-uso-de-celular-esta-ligado-a-sensacao-de-prazer-75991/.

os estímulos que forem mais interessantes, perdendo nosso foco e propósito de vida.

Ao invés de a tecnologia e o acesso à informação nos tornar mais produtivos, o resultado pode ser o total oposto. Note se, vira e mexe, você não cai neste lugar: você abre uma aba para fazer uma pesquisa sobre um e-mail que está escrevendo, mas surge uma propaganda falando de uma promoção aérea. Você clica no anúncio e verifica que a promoção é com milhas. Então, entra no site das milhas para ver se as que tem são suficientes, mas se dá conta de que não se lembra da senha da plataforma. Logo, faz todo o processo de recuperação, que está condicionado a um código de verificação que será enviado a um celular que você já nem tem mais. Você busca outra forma de entrar e acaba conseguindo acessar um e-mail tão velho quanto aquele telefone. Nessa caixa de correio eletrônico, encontra fotos de 10 anos atrás, as quais passa a ver imediatamente. Em seguida, você encontra mais fotos com a turma da faculdade. Finalmente, depois que você já está há trinta minutos rolando essas lembranças antigas, sem nem se lembrar do que tinha ido fazer, lembra-se das milhas e se dá conta de que o *link* de recuperação do e-mail foi expirado.

Estamos sendo roubados a todo instante. Precisamos levar isso a sério, para conseguir valorizar o nosso tempo e atenção. Observe como raramente vivemos de modo inteiro, completo. Estamos perdendo a capacidade de olhar, sentir, ouvir o que está acontecendo no lugar ou na situação em que estamos. Invariavelmente, estamos no passado ou no futuro.

Precisamos nos forçar a estar presentes, até que a presença se torne natural.

Tiremos as notificações do celular, peçamos às pessoas da nossa casa ou do trabalho que nos interrompam apenas em horários predefinidos. Paremos de olhar nossas telas a cada dois segundos, principalmente antes de dormir. Isso bagunça o nosso sono, a nossa mente. Ao acordar, passemos a tomar café sentindo seu cheiro e sabor. Hoje, mal abrimos os olhos e já estamos com o celular na cara. Começamos o dia atrapalhados, novamente recebendo aquela enxurrada de informações. Tudo isso dificulta nossa percepção do mundo, do outro, de nós. Vamos vivendo meio atropelados, sem sensibilidade para enxergar a existência com profundidade, sem tempo para fazer uma autoanálise e descobrir como é possível sermos melhores. Sem presença, não há aprendizado possível. Não existe a possibilidade de nos conectarmos com a dor do outro ou do mundo se estivermos desconectados de nós mesmos.

Precisamos voltar ao início. Sentar-nos em silêncio. Contemplar a natureza, nosso cachorro, nossa família, nós mesmos. Apenas admirar, sem emitir qualquer opinião ou julgamento.

SOBRA OPINIÃO QUANDO O AMOR ESTÁ EM FALTA

Nesse vuco-vuco em que vivemos, o amor se tornou artigo de luxo. Ninguém tem tempo. Estão todos correndo. Mas, para amar, é preciso servir, e a maioria está preocupada apenas com seu próprio umbigo e com suas militâncias tolas.

A grande verdade é que, se não há cuidado, não há amor — simples assim. O amor cuida; mais do que falar, cuida, zela, respeita. E também se posiciona, porque o amor é ativo, é ação! Quem ama, ama. Quem ama, não precisa explicar. O amor precisa ser demonstrado por meio de atitudes. É preciso disposição para amar, um fazer mútuo e um contínuo acordo. Esse lugar do amor é simplesmente maravilhoso!

Cada qual entende e representa isso de uma forma pessoal. Alguns, devido a experiências passadas, costumam associar amor à posse, à agressão e à violência. Outros, que só conseguem enxergar os outros de cima para baixo, insistem em um relacionamento de opressão. Talvez, suas experiências de vida o tenham levado a acreditar que amar é fazer tudo pelo outro, até que ele seja transformado, e tudo fique perfeito. Mas eu preciso lhe dizer uma coisa: essa mudança não vai acontecer assim, tão facilmente. Caso aconteça, é porque o outro decidiu, não você.

É claro que você pode contribuir para a mudança de quem o cerca, com sua personalidade maravilhosa e seus atos bacanérrimos. Você pode ser uma pessoa tão incrível, que o outro, por si só, passará a ter vontade de beber da sua fonte. Quando você realmente se convence, os outros podem ser convencidos. E isso não tem nada a ver com sua conta bancária, com suas roupas, com sua profissão ou com o que faz da vida. Se elevam ou abaixam o tom, se sorriem ou gritam, o fato é que todos são suscetíveis ao meio em que estão inseridos. Enquanto uns tomam atitudes mais rapidamente, outros decidem com calma. As combinações de comportamento são infinitas.

Cada vez que dou mais amor, que compartilho tudo que tenho — minhas ideias, meus medos, minhas vulnerabilidades —, eu me conecto com quem está recebendo. Quando a pessoa recebe e me devolve com empatia, eu explodo de amor. A luz acontece. Estamos ambos nos elevando, despidos de avaliações, somos seres humanos. Vamos viver essa experiência da melhor forma possível. Saiba que é possível! Você só tem que experimentar!

Não faz sentido esperar chegar ao final para perceber isso.

A chance era minúscula, mas aqui estamos. Está valendo! A vida já está acontecendo. Não seja só mais um sobrevivente...

CAPÍTULO 9

AS CHAVES DA VERDADE

Comecei a escrever este livro em meados de 2017, após notar que, por meio da minha experiência de evolução pessoal, eu poderia auxiliar outros a saírem de um estado mental, espiritual, profissional e emocional pobre para atingir resultados de felicidade, alegria e plenitude. Analisei minha história pessoal várias vezes, a fim de encontrar os "cliques", os pontos de virada, as ações constantes, técnicas, livros, ensinamentos e tudo o mais que pudesse ter me ajudado a passar por esse processo. A partir disso, defini e organizei quais seriam as portas que deveríamos cruzar e quais chaves teríamos que usar para achar a tal *saída*. Considero que fiz um trabalho fidedigno ao que me propus.

Em praticamente dois dias, coloquei tudo no papel. Era o suficiente para lançar o livro, mas não consegui fechá-lo. O último capítulo parecia inconclusivo. Algo não estava certo. No início, achei que poderia ser um bloqueio criativo ou algo do tipo. Fato é que abandonei este material e fui fazer outras coisas, mas fiquei com essa pulga atrás da orelha. Comecei a analisar os fatos e a me autoanalisar em busca de respostas. O resultado que encontrei é que eu não queria ser uma fraude. Eu aplicava todos os métodos e ações que descrevi nestas páginas, mas algo dentro de mim continuava vazio. Para preencher esse vácuo, descompensava no trabalho, tinha ataques de gula, usava substâncias entorpecentes...

Tecnicamente, estava tudo bem. A inconstância da vida não me assustava, eu já havia colocado diversas sentinelas em minha mente para evitar que pensamentos ruins tomassem minhas emoções e, por consequência, minhas ações. Havia aprendido o poder da palavra e a importância de vigiar aquilo que sai da minha boca, visto que as palavras são criadoras de realidades, sentenças que determinam nosso futuro. Estava empreendendo, tinha a liberdade que eu tanto sonhava, fazia viagens incríveis várias vezes por ano.

No meio deste processo todo, havia começado a escrever este livro e, como disse, em um dado momento, parei tudo, pois não conseguia finalizar o último capítulo, justamente por entender que eu mesma não havia cruzado **a última porta que me levaria à saída**. Algo ainda faltava dentro de mim e me impedia de ser completamente livre. Mais de cinco anos se passaram e eu continuava sem entender por que não conseguia terminar o livro. Qual seria a saída, afinal? Como eu poderia transpassá-la?

TESTANDO CAMINHOS

Nessa mesma época, comecei a participar de um fórum on-line (aqui é "raiz"!) chamado "O Lugar". Para participar desse grupo, fiz uma entrevista. Na ocasião, falei com o entrevistador sobre a dificuldade que eu tinha de me sentir preenchida, completa, e ele me indicou um livro chamado "Religião para Ateus".

Instigada pelo título, corri para comprá-lo. Para a minha surpresa, o autor era ateu, mas partia da premissa de que Deus existia, indicando a religião como algo importante para o ser humano.

Ele cresceu com seus pais comparando Deus ao "Papai Noel", por isso ele expunha as dificuldades que enfrentou com essa ausência completa de fé. Posteriormente, escreveu esse livro para que os ateus pudessem aprender com a religião, afinal ela permitiria o desenvolvimento de laços sociais, amizades, a participação de forma ativa em uma comunidade, além de promover a arte, arquitetura e viagens, estimular a moralidade e também a gratidão, o que contribui — e muito — com a vida humana.

Ao que parece, ninguém entendeu muito bem a proposta do amigo Alain de Botton e o livro se tornou odiado basicamente por todos os grupos: pelos ateus, porque acham uma afronta a sugestão de irem à igreja; os religiosos, pelo fato de o autor dizer que Deus não existe. Para mim, o livro foi uma indicação viável, afinal o "não" eu já não tinha. Por que não tentar?

A repulsa que eu tinha por organizações religiosas foi sendo trocada por uma curiosidade genuína de entender ou perceber os benefícios indicados no livro. Eu gosto de encarar as coisas como um jogo, e ali estava eu, interessada em passar por essa nova fase.

De forma muito sutil, comecei a aceitar os convites que me eram feitos. Já advogada e trabalhando em um renomado escritório tributário em São Paulo, eu tinha duas estagiárias que frequentavam uma igreja chamada Bola de Neve, as quais me convidaram para ir lá um dia. Com esse nome doido, era até difícil recusar o convite. Decidi ir ver o que era essa tal de Bola de Neve.

Do momento em que pisei dentro da igreja até a hora que saí, chorei durante três horas consecutivas. Não era um choro singelo, discreto, de canto, era um choro devastador, intenso, da alma. Fiquei imaginando que as pessoas ao meu redor deviam pensar que, no mínimo, eu havia perdido um ente querido. Eu tentava segurar de tudo que era jeito, mas era praticamente impossível. "Devo estar muito cansada mesmo", pensei, como forma de justificar toda aquela epopeia.

Achei legais o culto e as músicas. Comecei a ir com certa frequência, assim como passei a aceitar todos os convites religiosos que me eram feitos — todos mesmo! Nos quatro anos que se seguiram, eu meditei nas sessões de budismo, fui a um retiro de filosofia indiana, recebi passe no centro espírita, consagrei a ayahuasca nas reuniões com os pajés indígenas, utilizei rapé com cinzas de ancestrais para realizar a cura, concentrei-me para receber as energias douradas da Deeksha, assisti às aulas semanais no Centro de Kabbalah, conversei com o preto velho na umbanda, tentei fazer simpatias, fiz todos os mapas astrais possíveis, participei de algumas sessões de tarô, tive a mão lida, trabalhei os chakras com os facilitadores, tive cirurgia espiritual, fiz massagem ayurveda, tomei a ceia na igreja católica, *and the list goes on*!

Comecei, de fato, a enxergar as benesses da religião. Não obstante todas essas visitas, eu continuava sem acreditar na existência de Deus, pois havia me apegado somente àquilo que fosse tangível aos meus olhos, às minhas mãos. Em paralelo a isso, eu havia assistido a um filme chamado Zeitgeist e passado a acreditar piamente que "todos os caminhos levavam a Roma" e que tudo que vivemos seria derivado de uma releitura diferente de cada povo sobre a posição dos astros e seus movimentos. Para mim, todas as religiões seriam uma espécie de "folclore" criado para trazer acalanto e bons ensinamentos aos seres humanos; todas elas teriam, em última instância, o objetivo de ajudar as pessoas, mas tudo não passaria de manifestações humanas. No final do dia, não importava qual você seguisse, contanto que seguisse alguma, afinal a espiritualidade também seria um pilar de nossas vidas, e viver completamente alheio a isso traria dor e desconexão.

Esse entendimento trouxe confortos momentâneos, mas que não se sustentaram por não terem raiz. Eu ia em tudo, frequentava tudo, mas, no final do dia, a real é que eu continuava sem nada. Seria tudo na vida meramente humano e aleatório?

EXISTE FÉ ATÉ NA AUSÊNCIA DE FÉ

De forma resumida, toda a discussão que permeava a minha mente poderia ser reduzida a uma única questão central:

a existência ou não de um Deus/Criador. Ainda que eu acreditasse em alienígenas ou multiversos, iria esbarrar na mesma questão. Alguém os criou?

Quando paramos para analisar as cosmologias centrais, encontramos duas respostas possíveis: ou o Universo é eterno e cíclico, ou ele emergiu em um instante único.

A ideia de um universo infinito, com ciclos de nascimento e destruição, é defendida majoritariamente pelas religiões indianas, em especial o budismo. No entanto, a Teoria do Big Bang, atualmente mais aceita pela ciência como responsável pelo surgimento do mundo, diz que a matéria, o tempo e o espaço tiveram um início, assim como nosso querido universo. Independentemente do nome e do modo, ao que parece, o Universo teve <u>um início</u>. Se ele passou a existir — o que me parece razoável, já que há provas de que ele está se expandindo (se fosse eterno, isso não seria possível) —, <u>ou isso aconteceu do nada, ou ele foi criado</u>.

É nesse ponto que o negócio fica interessante! Se o universo foi criado, eu precisaria ter FÉ na ideia de que um ser supremo e poderoso fez isso. Se eu acreditasse que Deus não existia, também precisaria ter FÉ nessa existência a partir de nenhuma causa. Uau! Isso explodiu minha mente. Pensar que, mesmo sendo ateia, eu tinha fé, era algo impensável até então...

Muitas explicações, mesmo as científicas, não promovem todas as respostas. Na prática, essas lacunas acabam precisando ser preenchidas com uma boa dose de fé. Por isso é que há fé mesmo em uma suposta ausência dela.

Ser ateia, portanto, não significava que eu não tinha fé. Significava, na verdade, que eu tinha fé que tudo o que existe hoje passou a existir, sem que houvesse uma causa primária, sem que algo ou alguém tivesse "apertado um botão". A existência seria fruto de uma série de aleatoriedades sem sentido que teriam sido criadas por um GRANDE E REDONDO NADA.

Ao buscar respostas para esse questionamento, descobri que cientistas ateus, sendo o principal deles Stephen Hawking, defendem que essa causa primária seriam as leis da ciência. Em suas palavras: "Eu acho que o universo foi criado espontaneamente a partir do nada, de acordo com as leis da ciência". Isso começou a constranger a minha lógica e inteligência, afinal cite apenas uma única coisa que tenha surgido do nada? Toda consequência aponta para uma causa, assim como toda criação aponta para um criador. Se eu vejo uma cadeira, imediatamente suponho que alguém a criou. Do mesmo modo, se a ciência diz que o universo teve um início, logicamente ele passou a existir a partir de uma causa. Se essa causa foi, de fato, o Big Bang, este fenômeno também teve uma causa, e assim sucessivamente.

NÃO TENHO FÉ SUFICIENTE PARA SER ATEIA

Todas essas buscas pelas chaves da verdade me levaram a uma série de conteúdos, questionamentos e vertentes. Busquei respostas entre ateus, cristãos, budistas e afins. Não precisei ir muito longe para pessoalmente concluir que o universo e a natureza pareciam ter sido criados por algo ou alguém. A organização, complexidade e funcionalidade dos órgãos, organismos e seres em geral não me sugeriram obras do acaso, da aleatoriedade ou de tentativas e erros.

De forma contrária, aliás, observei que o mundo parecia mais semelhante a um grande projeto, arquitetado de forma muitíssimo inteligente. Nosso corpo funciona de maneira perfeita, a natureza é a mais bela pintura que pode existir, os organismos vivos são extremamente complexos e, ainda assim, funcionam sem que "ninguém precise fazer nada".

Passei a observar todas as coisas ao meu redor e vi que a maioria delas nem eram perceptíveis a olho nu, como nossos sentimentos, emoções. Assim como o vento que não vemos, mas sentimos. Comecei a pensar que seria até infantil de minha parte limitar a existência a somente aquilo que eu, em minha vã compreensão, pudesse enxergar ou julgar possível. A vida não parecia ser exclusivamente terrena, visível, material.

O universo é gigantesco, mal o conhecemos. Quem seria eu para limitar qualquer poder criador que tenha trazido tudo à existência?

A real é que, ainda que eu continuasse pensando da forma anterior — que provavelmente não existia nada além da nossa mera existência material e palpável e que o universo era uma grande massa de aleatoriedades mal explicadas —, seria necessária ainda uma dose de fé para suprir as lacunas.

No final do dia, foi impossível alegar que eu não tinha nenhuma fé. Todo mundo tem alguma fé, ainda que seja na "não existência"[1]. Concluí — racionalmente — que eu não conseguia crer que o tudo veio do nada. Concluí que **eu não tinha fé suficiente para ser ateia**.

Qual seria a chave para uma fé verdadeira, então?

1 Essa ideia é melhor desenvolvida no livro "Não tenho fé suficiente para ser ateu", de Norman Geisler e Frank Turek.

CAPÍTULO 10

ENCONTRANDO A SAÍDA

QUEM É O SEU DEUS, AFINAL?

Em meus processos de auto-observação, comecei a notar que muito da minha restrição em crer em Deus era oriunda da ideia de ser forte, de não depender nem buscar apoio em ninguém. Eu achava que era autossuficiente.

Todos nós carregamos, em alguma medida, uma raiz de rejeição. E as minhas me fizeram acreditar que eu não deveria esperar nada de ninguém, inclusive amor. Fiquei assistindo à minha existência de camarote, perto o suficiente para ter uma vida social, mas longe o suficiente para evitar a intimidade e o medo de não ser amada. Isso não era consciente, claro, mas eu não entendia porque as coisas não frutificavam em minha área emocional, nem por que, mesmo querendo acertar, eu acabava magoando ou afastando as pessoas. Quando não, eu mesma me afastava e deletava tudo aquilo que julgava não ser importante ou relevante. As pessoas, durante muito tempo, foram descartáveis para mim:

"O mundo está cheio de gente. Eu pensava. Não vale a pena ficar se desgastando com fulano ou sicrano".

O meu nível de perfeccionismo fazia com que eu trabalhasse incansavelmente em busca de aprovação. Queria ser perfeita a ponto de ninguém ter nada para cobrar de mim, e também para que eu pudesse exigir que todos fossem perfeitos comigo. Não havia espaço para falhas.

Apesar da minha dificuldade em acreditar no "conceito Deus", comecei a observar que, crendo em algo ou não, sempre elegemos deuses na nossa vida. Quando algo muito grave acontece, quando você tem uma decepção ou uma tristeza muito grande, ou mesmo uma felicidade suprema, para onde você corre? Eu descobri, após ler o livro "Abra o coração e feche a geladeira", que o meu deus era a comida! Era para ela que eu corria quando qualquer coisa acontecia comigo. Se eu estava triste, eu comia; se eu estava feliz, eu comia. Muitas coisas eu só conseguia fazer depois de me empanturrar. Eu não me alimentava de maneira saudável, para me suprir, mas para fugir. Eu comia para ter momentos de prazer, seguidos de arrependimento, que me faziam comer mais e mais.

Em outra época, o meu deus era o cigarro. Sempre que estava ansiosa, irritada, entediada ou alegre, eu fumava. Fumava antes e depois de comer, depois do café, antes de dormir. Fumava para conseguir ir ao banheiro, para conversar, para tudo. Se estivesse em situações muito complexas, fumava um cigarro atrás do outro. Naturalmente, nunca alguma coisa na minha vida se resolveu após me empanturrar de doce ou de fumar um maço de cigarro.

Apesar de mentalmente tender a acreditar na existência de um Deus, na prática minha vida permanecia a mesma, e meu coração seguia fechado.

Eu entendia que a moral e os valores eram construções sociais feitas para aprisionar as pessoas. Não crer em Deus me dava a garantia de ser livre para fazer o que eu quisesse, a viver da forma como eu bem entendesse, e minha consciência não seria afetada, já que a moralidade seria um conceito construído, e não uma verdade absoluta.

Eu relativizava as coisas da forma como eu queria. Embora, tecnicamente, nada mais me prendesse, algo dentro de mim continuava sendo violado ao agir assim. Por mais que eu já tivesse eliminado toda consciência sobre uma suposta culpa, mesmo após ter construído a minha própria cartilha de valores, continuava me sentindo vazia…

UM DALTÔNICO ENXERGA AS CORES DE MANEIRA DIFERENTE, AINDA ASSIM A VERDADE SOBRE A COR ORIGINAL PERMANECERÁ INTACTA…

Eu fui criada na Igreja Católica. Desde que me entendo por gente, ia às missas aos domingos, fazia catecismo, ajudava minha mãe na farmacinha da igreja, tinha contato com a religião. Costumo dizer que foi justamente esse contato que me fez virar ateia. Para mim, tudo ali era formado de ritos vazios. Eu, sempre muito questionadora, não obtive as respostas que queria e me tornei revoltada, desejosa de ir contra o sistema.

Foi justamente essa revolta que me transportou a uma derrocada dos meus valores, que se tornaram deturpados. Eu comecei a achar que não havia certo e errado, que deveríamos todos aceitar nossas próprias sombras e conviver com elas, porque elas faziam parte de nós. Eu tentei ir por esse caminho e andei por ele durante um tempo, mas tudo o que encontrei foram labirintos.

Parecia que, quanto mais eu tentava me encontrar, pior eu ficava. O buraco ficava cada vez mais fundo, e **a saída, cada vez mais longe.**

Quanto mais eu achava que estava evoluindo e passando a pensar de forma livre e moderna, mais longe da minha essência eu ficava. Parecia que eu estava me encontrando, mas, na verdade, estava cada vez mais longe da minha essência.

Para ajudar, a falsa espiritualidade me trazia o conforto de não estar tão perdida. Eu participava de encontros, ia aos lugares que mencionei e colhia algo neles que me mantinha abastecida por algum momento, mas que logo acabava.

Devia haver algo mais. Devia existir algo que eu não conseguia acessar ou entender. A vida não poderia ser só isto: uma ânsia constante de fugir da realidade, aliada a um vazio existencial terrível.

Do que adiantava concluir que Deus existia se minha vida permanecia igual?

A VERDADE É QUE VOCÊ SÓ TERÁ ÍMPETO SUFICIENTE PARA MUDAR QUANDO A DOR DE PERMANECER ONDE ESTÁ SE TORNAR MAIOR DO QUE A DOR DA MUDANÇA.

Eu havia caminhado até esse lugar, longe da insatisfação, da ingratidão e da confusão mental, a partir das mudanças que havia feito nas minhas formas de pensar, falar e agir, como eu acredito que seja possível a qualquer pessoa que esteja lendo este livro.

Está em nossas mãos a possibilidade de doutrinar a nossa mente a partir de ações práticas que nos levem a novos lugares mentais e que, consequentemente, mudem de forma radical nossa percepção de mundo e os resultados colhidos a partir dessa nova visão.

Tudo bem que eu já não era mais a pessoa chata, insatisfeita e ingrata descrita no início destas páginas. Nesse percurso, encontrei chaves preciosas que me permitiram virar várias maçanetas e sair definitivamente de lugares de vitimismo, ingratidão, tristeza, inconformismo, confusão etc. Busquei ser o mais fidedigna possível tanto no caminho quanto na ordem dele, o qual me levou a encontrar todas as saídas desses lugares deploráveis.

Eu não era mais aquela pessoa que chorava todos os dias e repetia para si mesma a ideia de que viver era algo insuportável. Aprendi a ter um emocional mais estabilizado, a lidar com as críticas sem me sentir acusada ou ameaçada, sem precisar me defender com unhas e dentes. Havia melhorado muito! Essa mudança de mentalidade, postura e posicionamento me permitiu abrir meu próprio escritório de advocacia um ano depois de iniciar uma agência de marketing. Ganhei confiança e comecei a postar no Instagram, compartilhando os caminhos que me permitiram chegar a essas conquistas. Eu fazia *lives* e vídeos e comecei a escrever este livro.

Fui descascando essa cebola pouco a pouco, enxergando todas as camadas que me afastavam de uma vida realizada — e assim continuo, pois se trata de um caminho, não de uma chegada.

Mas tudo isso eram coisas que eu fazia, não necessariamente quem eu era. Eu estava conquistando por fora, mas por dentro me sentia perdida, vazia, sem propósito. Existem muitas questões da nossa vida que ultrapassam a seara terrenal....

De nada adianta conseguir tudo isso, mas não experimentar internamente uma paz que ultrapasse aquilo que se tem. Se nossa tranquilidade estiver firmada no que temos, seja inteligência, posses, beleza, família etc., ficaremos sempre alheios às circunstâncias, e o medo de perder aquilo que temos ou conquistamos se tornará maior que a felicidade de desfrutar da vida em si.

O LIMITE DAQUILO QUE VOCÊ AGUENTA É VOCÊ QUEM DETERMINA

E eu não aguentava mais!

Com as chaves que mencionei no decorrer do livro, fui conseguindo acessar novos lugares que jamais pensei serem possíveis. Porém mesmo após considerar já ter aberto portas essenciais para uma vida feliz e mais plena, algo ainda estava faltando. Era como se houvesse uma última **saída secreta**, a qual não era tão simples de ser encontrada.

Da mesma forma que comprar um livro não irá promover nenhuma mudança na nossa vida se o deixarmos parado em uma estante, entendi que a seara espiritual demanda ações em prol do resultado espiritual desejado.

Até então, eu havia observado tudo sem me envolver. Ouvia, mas não praticava. Queria ter uma experiência com esse Deus de que me falavam, mas esperava que acontecesse algo semelhante a uma mágica.

Mesmo na minha infância, pensava que se Deus realmente existisse, Ele deveria aparecer para mim, só que, dessa vez, assim como a finada Rita Lee, "um belo dia resolvi mudar". Para isso, inverti a ordem.

Ao invés de ficar esperando que Deus aparecesse para mim no alto do meu orgulho, decidi me humilhar e reconhecer Sua grandeza. Afinal, se Ele era Deus mesmo, era um ser supremo, imenso, colossal, e eu, uma mera poeira cósmica, uma formiga no oceano.

Assim, em um dia comum na sala da minha casa, disse em voz alta para aquilo que eu julgava ser o além: "Deus, se o Senhor existe, eu quero ter a minha própria experiência com o Senhor. Eu quero saber do Senhor a partir de mim mesma, e não da minha mãe, do pastor, da igreja ou de sei lá o quê. Se existe uma verdade e a Bíblia é a Sua verdade, eu me comprometo a lê-la e a cumprir aquilo que está escrito sem contestar".

Eu não tinha reverência, entendimento ou temor, mas algo começou a ser gerado dentro de mim.

A partir desse episódio, comecei a realizar mudanças intencionais. Passei a ir à igreja sem ficar julgando todas as frases dos pregadores, comecei a assistir alguns estudos bíblicos, terminei um relacionamento que não parecia estar alinhado com a tal da Bíblia. Comecei a ter vontade de ir largando algumas práticas e de aderir a outras. Fui eliminando aquilo que era pautado em experiências pessoais alheias e passei a perseguir aquilo que me parecia real, genuíno e bom. Parei de ter interesse em coisas místicas, contraditórias e obtusas e comecei a observar a vida das pessoas em cada um desses lugares que eu frequentava. Amizades e práticas deixaram de fazer sentido. Eu estava diferente.

Parei de ficar agradecendo ao universo, afinal não fazia muito sentido esboçar gratidão para a "soma do espaço e do tempo e as suas mais variadas formas de matéria, como planetas, estrelas, galáxias e componentes do espaço intergaláctico"[1].

SEI LÁ, QUANDO PENSO NISSO HOJE EM DIA, VEJO QUE AGRADECER AO UNIVERSO É O EQUIVALENTE A GANHAR UM APARTAMENTO MOBILIADO DO SEU PAI E AGRADECER AO APARTAMENTO.

Perdi o interesse em fumar. Ao invés de um sofrimento gigante (como tinha sido em minhas antigas tentativas), dessa vez foi fácil. Falei alto: "Deus, não nasci fumando. Quero parar de fumar. Me ajude". E foi doido: eu simplesmente parei. Parei geral, senti nojo!

Para mim, tudo isso era bizarro e uma quebra de paradigmas colossal, pois eu jamais havia me imaginado conversando

1 Disponível em: https://pt.wikipedia.org/wiki/Universo#:~:text=O%20Universo%20%C3%A9%20tudo%20o,os%20componentes%20do%20espa%C3%A7o%20intergal%C3%A1ctico.

com um ser superior. Achava que isso era coisa de lunáticos ou esquizofrênicos.

Fora isso, comecei a me sentir perseguida por Deus. Em todos os lugares, alguém tinha algo para me falar, uma palavra para me dar. O porteiro me entregava um folheto, um motorista me falava alguma coisa. Minha impressão era a de estar cercada e tentando fugir de Deus como uma criança que se esconde do pai atrás da cortina.

Quando mesmo sem vontade eu decidia ir a alguma festa, ficava reparando a cara das pessoas bêbadas e estranhas e secretamente me perguntava: "O que estou fazendo aqui?". O lance é que, para responder a essa pergunta, eu precisava saber quem eu realmente era. E eu não tinha essa resposta.

AS JANELAS DA ALMA

Cerca de um ano após aquela minha breve conversa com Deus, fui a um culto. Em dado momento, o pastor pediu para que aqueles que quisessem aceitar a Jesus como seu único e suficiente Salvador levantassem a mão. Eu já havia ouvido aquele apelo inúmeras vezes, mas nunca havia pensado que era eu a pessoa que precisaria de salvação.

Nesse dia, porém, houve uma luta enorme entre minha mente e meu coração. Decidi romper e dar esse passo de fé rumo ao desconhecido. **Levantei a mão**.

Nos três dias seguintes a essa decisão, fiquei trancada em casa em uma catarse intensa. Era como se eu estivesse caindo de um precipício sem paraquedas. Um caminho completamente desconhecido, mas que parecia tão certo e verdadeiro, estava se abrindo. Foi como se tivessem caído vendas dos meus olhos e eu finalmente conseguisse enxergar. **Eu não só vi, eu enxerguei**. Eu me enxerguei, enxerguei minha vida e enxerguei Deus. Fui acometida por um amor tão forte, profundo e visceral, que tudo que eu conseguia sentir era culpa e vontade de chorar até que eu me desintegrasse, se isso fosse possível.

Um filme passou diante de mim. Todos os caminhos tortuosos por onde andei, todas as aberrações que falei; todas as atitudes, os desejos obscuros, as consumações piores ainda, as coisas, pessoas, atitudes, palavras... **arrependimento**. Senti tristeza, repulsa, decepção. Era como se eu tivesse sido violada até por mim mesma ao permitir situações que não tinham nada a ver com quem eu, de fato, era, justamente por eu não conhecer minha real identidade de filha amada de Deus.

E eu, que me achava bem resolvida, consegui ver nitidamente que agia por motivações equivocadas. Buscava aprovação para me sentir amada. Buscava conquistas para me sentir digna de admiração. Buscava "me perder de mim mesma" para ver se a vida se tornava menos insuportável. **Tomei consciência de todos os meus erros e senti vergonha.**

Toda conversão é um processo. Uns são mais rápidos do que outros. O meu foi lento, demorado, com idas e vindas, amadurecimentos, entendimentos, experiências e uma abertura progressiva, até que meu coração ficou completamente rendido.

Dia a dia, fui me encantando pelo Evangelho, pelas respostas que encontrei, pela completude que passei a experimentar, por um sentimento de amor genuíno e avassalador, do qual, até então, eu só ouvia falar. Entendi que havia dentro de mim um código moral que é impresso no coração de todos nós. Por causa dele, alguns estilos de vida me constrangiam mesmo quando eu nem cria na existência de Deus.

Ninguém colocou o dedo na minha cara ou me falou sobre o que fiz ou deixei de fazer. Minha caminhada foi solitária. Eu me avaliava e media minha mente e meu coração a partir dessas novas vivências que estava adquirindo. Passei a ter conversas genuínas, "de *brother*", com Deus, fazendo questionamentos que "milagrosamente" eram respondidos[2].

O Jesus que hoje tenho o prazer de conhecer não é representado pela figura de um deus barroco, esculpido ou desenhado em uma parede de igreja, muito menos está limitado a um crucifixo pendurado no retrovisor de um carro ou a uma Bíblia aberta no Salmos 91. Jesus não é um amuleto da sorte ou um deus imaginário e distante, que só se preocupa com problemas na África. Ele é um verdadeiro amigo, a manifestação de um Deus próximo, participativo, que se importa com o que eu sinto, com os desejos do meu coração. Um verdadeiro Pai de amor, que me acompanha e zela por mim em tudo.

E eu, que já tinha vivido muitas experiências, embarquei na aventura mais louca da minha vida, uma aventura que eu ainda não havia me permitido viver. Uma aventura que me levou a ter uma vida realmente livre.

---

2 Em um vídeo no meu Instagram, conto sobre a dúvida que tinha sobre Jonas e o grande peixe e como Deus me respondeu.

Digo "realmente livre" porque, antes, eu acreditava que liberdade era fazer o que eu quisesse na hora que eu quisesse, mas descobri que agir assim só nos leva a cadeias, pois ficamos reféns de nossas vontades e vícios.

A verdadeira liberdade nos direciona a uma vida sem prisões, sem medos, sem fardos pesados.

Eu encontrei a chave:

Jesus sempre foi a única porta, mas era necessário que eu enxergasse através das janelas da minha alma para finalmente entender que O GRANDE SEGREDO é que a porta final, que nos leva ao lugar onde acessamos a paz que excede todo o entendimento, **é aberta exclusivamente por dentro**.

Não há como abrir essa porta sem a humildade de aceitar que há caminhos maiores que os nossos. É preciso humildade para nos destrancar e nos permitir viver uma realidade que ultrapassa a nossa possibilidade de cognição e controle. É preciso disponibilidade para adentrar a única porta que nos guiará para fora de nós mesmos. E, principalmente, é preciso um coração quebrantado e sensível para perceber que a chave que abre essa porta sempre esteve em nossas mãos.

AGRADECIMENTOS

Ao único digno de todo louvor e toda glória, que me sustenta, dá graça e inspiração para que eu consiga trazer à realidade aquilo que se manifesta em ideias e sonhos. Obrigada, Jesus.

Ao meu esposo maravilhoso, Moyses Vaz, por ser tão perfeito para mim, e me impulsionar sempre a novos lugares de desenvolvimento, profundidade e entrega. Obrigada, bebê.

À minha mãe Adriana, por seu apoio, orações e amor incondicional, e ao meu pai, Rainério, por tantos aprendizados e por ter me proporcionado um ambiente seguro para que me desenvolvesse e me tornasse quem sou.

Aos meus irmãos, Riccardo e Rafael, extensões de mim mesma. Não tenho palavras para descrever o quanto vocês são importantes.

Aos queridos amigos e irmãos na fé dos Embaixadores do Reino, por acreditarem em mim mais até do que eu mesma.

Ao papai Jorge, aos meus sogros, Daniel, Eliane e Simone, minha cunhada Giovanna, meus avós, primos, familiares, aos clientes, parceiros e participantes das Empresas Mocelin Create, Mocelin Advogadas e Mocelin Consulting. Obrigada por contribuírem em minha vida e a me incentivarem a ser melhor a cada dia.

Amo todos vocês.

Compartilhe suas
impressões de leitura escrevendo para:
contato@yesbook.com.br

yes
books